Wilhelm Gräb (Hg.)

Religionsunterricht jenseits der Kirche?

Wie lehren wir die christliche Religion?

Mit Beiträgen von
Ingo Baldermann, Hinrich Buß, Wilhelm Gräb, Hans-Günter Heimbrock, Manfred Josuttis, Erich Kampermann, Dietrich Korsch, Joachim Mehlhausen, Michael Meyer-Blanck, Otto Seydel, Dietrich Stollberg und Klaus Wegenast

Neukirchener

© 1996
Neukirchener Verlag
Verlagsgesellschaft des Erziehungsvereins mbH,
Neukirchen-Vluyn
Alle Rechte vorbehalten
Satz und Druckvorlage: Ulrich Braun und Thomas von Pavel
Umschlaggestaltung: Hartmut Namislow
Gesamtherstellung: Breklumer Druckerei Manfred Siegel KG
Printed in Germany
ISBN 3-7887-1565-0

Die Deutsche Bibliothek – CIP-Einheitsaufnahme

Religionsunterricht jenseits der Kirche?: wie lehren wir die christliche Religion? / Wilhelm Gräb (Hg.), Mit Beitr. von Ingo Baldermann... – Neukirchen-Vluyn: Neukirchener, 1996
 ISBN 3-7887-1565-0
NE: Gräb, Wilhelm [Hrsg.]; Baldermann, Ingo

Vorwort

Daß ein Religionsunterricht in der modernen, öffentlichen Schule sein soll, darüber besteht weiterhin Konsens. Strittig ist in der gegenwärtigen Diskussion sein Verhältnis zur Kirche. Braucht der Religionsunterricht in der modernen, öffentlichen Schule nicht eine kulturhistorische bzw. ethische Begründung und Ausrichtung? Diese Frage drängt sich heute auf, da die Zugehörigkeit zur Kirche bei Schülern und Schülerinnen nicht mehr vorausgesetzt werden kann, ihnen aber gleichwohl normative Orientierungen und lebenstragende Einsichten vermittelt werden sollen. Aber gibt es Ethik ohne Religion, und ist ein Unterricht in Religion möglich, ohne einer bestimmten Religion zu begegnen? Wer Ethik unterrichten will, wird die Schüler und Schülerinnen an humane Lebensorientierungen heranzuführen versuchen, die ohne die Kenntnis der religiösen und theologischen Traditionen nicht zu haben sind. Und wer die christliche Religion lehren will, muß auch den Zugang ermöglichen zu ihren Lebensvollzügen, zu ihrer symbolischen Gestalt somit auch im Gottesdienst, in der Predigt der Kirche. Religionsunterricht in der modernen, öffentlichen Schule wird dies allerdings ohne Zwang zur Anpassung an die kirchliche Religionskultur tun müssen. Auf den Entwurf solcher Lernwege käme es heute an, die die christliche Religion als orientierungspraktische Deutungskultur menschlichen Lebens verstehbar machen und es erlauben, sich in ihre kirchliche Gestaltung selber gestaltend einzubringen.

Daß es solche Wege gibt, versuchen die Beiträge des Bandes zu zeigen. Sie sind aus Anlaß des 60. Geburtstages von Christoph Bizer, zu dem das RPI in Loccum im Juni 1995 ein Symposion veranstaltet hat, zustande gekommen. Die Arbeiten Christoph Bizers zur Religionspädagogik kreisen alle um die Frage nach dem inneren Zusammenhang von Unterricht und Predigt und damit nach der Lehrbarkeit der christlichen Religion in Gestalt der Anleitung zum Mitvollzug ihres gottesdienstlichen Lebens. Als Nachtrag zum Geburtstagsfest in Loccum widmen die Beiträger diesen Band Christoph Bizer mit Dank für seine Anregungen zu einem die Kirche in evangelischer Freiheit mitgestaltenden Religionsunterricht. Für die Einrichtung des Textes und die Herstellung der Druckvorlage haben Ulrich Braun und Thomas von Pavel gesorgt. Dafür sei ihnen herzlich gedankt.

Bochum, im August 1996   Wilhelm Gräb

Inhalt

Vorwort 5

Joachim Mehlhausen
Unterrichtete Religion oder gelehrter Glaube?
Wege und Umwege der Religionspädagogik im 20. Jahrhundert 9

Ernst Kampermann
Über Kirchentümer und Gewalten und das Schulfach Religion 19

Hinrich Buß
Kirche und Schule
Verpaßte Chancen für gelebte Religion? 30

Ingo Baldermann
Braucht eine moderne Schule Religionsunterricht? 40

Hans-Günter Heimbrock
Evangelische Schulseelsorge auf dem Weg
zu »gelebter Religion« 45

Wilhelm Gräb
Die gestaltete Religion
Bizer'sche Konstruktionen zum Unterricht als homiletischer
und liturgischer Übung 69

Michael Meyer-Blanck
Liturgik und Didaktik – die Religion in Form
Zur Frage liturgischer Elemente im schulischen
Religionsunterricht 83

Manfred Josuttis
Religion im Klassenzimmer 94

Otto Seydel
Rituale – Feier – Begehung
Ist die Unterrichtsschule am Ende? 101

Dietrich Korsch
Mit der Bibel Gott im Leben entdecken 113

Dietrich Stollberg
Das Kind als Gottesbild – Kindlichkeit als christliches
Leitbild? 126

Klaus Wegenast
Einige Gedanken des Gedenkens zum Nachdenken 133

Autorenverzeichnis 140

Joachim Mehlhausen

Unterrichtete Religion oder gelehrter Glaube?

Wege und Umwege der Religionspädagogik im 20. Jahrhundert

Wer sich über die Wege und Umwege der Religionspädagogik im 20. Jahrhundert informieren will, der greife zu Klaus Wegenasts konzisem Artikel über den Religionsunterricht im neuen »Evangelischen Kirchenlexikon«[1]; der lese zusätzlich noch das, was Karl Ernst Nipkow an gleicher Stelle zum Stichwort »Religionspädagogik«[2] geschrieben hat, und lege sich schließlich die beiden Textbände von Nipkow und Friedrich Schweitzer[3] auf den Schreibtisch, denen ein immerhin über vierzigseitiges Literaturverzeichnis beigefügt ist. Und dort findet der Interessierte denn auch gleich zu Beginn unter »Allgemeines« den Hinweis auf »Bizer, Christoph, Art. Katechetik. In: TRE XVII, 686-710«, ein specimen eruditionis, dem man wahrlich nicht ansieht, in welchen tormentis es entstanden ist. Ehe der Verfasser im sechsten Abschnitt auf die »Katechetik als Aufgabe« zu sprechen kommt (und auch ich werde auf diesen Abschnitt zurückkommen), stellt er die Geschichte der evangelischen Katechetik von ihren Anfängen bis zu ihren »Ausläufern« kundig dar. Das Material für unser Jahrhundert liegt vielfältig aufgearbeitet bereit: von Richard Kabisch und Friedrich Niebergall bis hin zu Martin Stallmann, Gert Otto (III) und Karl Ernst Nipkow; vom Kampf des Otto Dibelius für »die einheitlich-prägende evangelische Erziehungsschule« bis zur Streitansage von Wolfgang Huber an Manfred Stolpe wegen der Grundlagen kirchlicher Beteiligung am schulischen Bildungsauftrag und wegen der neuen Formel LER[4].

Dieses umfangreiche Material wird offenkundig in einem historisch orientierten akademischen Unterricht mit einigem Erfolg an die Studierenden der Praktischen Theologie als Wissensbesitz weitergegeben. Als Vorsitzender der Rheinischen Prüfungskommission hatte ich oft Anlaß, darüber zu staunen, mit welcher grundsoliden Akkuratesse die Pflicht und Kür der Examenskandidatinnen und Examenskandidaten im Fach Praktische Theologie darin bestand, daß man neuere religionspädagogische Entwürfe aufzählte und berichtete, was es denn da so gegeben habe

---

1   K. *Wegenast*, Art.: Religionsunterricht, in: EKL³, Bd.3, Sp. 1599-1606.
2   K.E. *Nipkow*, Art.: Religionspädagogik, in: EKL³, Bd.3, Sp. 1567-1573.
3   K.E. *Nipkow / F. Schweitzer*, Religionspädagogik. Texte zur evangelischen Erziehungs- und Bildungsverantwortung seit der Reformation (TB Studienbücher 84, 88, 89), München 1991, Gütersloh 1994.
4   LER ist die Abkürzung für das Pflichtfach Lebensgestaltung, Ethik, Religionskunde im Land Brandenburg.

und im Angebot noch gibt: von der Evangelischen Unterweisung bis zum Problemorientierten Unterricht, von der Curriculumreform bis zur Lernzielorientierung, von der empirischen Wendung bis zum hermeneutischen, sozialisationsbegleitenden, therapeutischen, dialogischen, ökumenischen und interreligiösen Unterricht – und so fort. Als wichtige Zäsur in diesem Strom der methodischen Neuansätze werden die Jahre um 1970 benannt, in denen ein modernes Nachdenken um den Religionsunterricht begonnen habe, das aus einer neuen Wahrnehmung von Welt heraus »die zu unterrichtende Religion neuzumachen« versprach.

Ich habe beim Zuhören oft zum Fenster hinausgeschaut und darüber nachgedacht, mit welchen Worten und Gedanken diese künftigen Vikarinnen und Vikare wohl ihre eigene erste Unterrichtsstunde eröffnen mögen. Ob sie wohl ein Lied singen lassen? Von Christoph Bizer habe ich gelernt, daß der von den Kandidaten nach dem Vorbild ihrer akademischen Lehrer dargestellte geschichtliche Befund beklagenswert sei und »ein Zeichen dafür [...], daß die Selbstreflexion der Religionspädagogik an ihrer eigenen Geschichte – auf die Breite des religionspädagogischen Arbeitsfeldes gesehen – lange Zeit gar nicht gepflegt wurde und immer noch zu wünschen übrig [lasse]«.[5]

Nun sollen diese Wege und Umwege nicht einzeln beschrieben werden. Durch Christoph Bizers Kritik am »Surrogat eines ›Geschichtsbildes‹« der deutschen Religionspädagogik in den letzten sechs bis acht Jahrzehnten ermutigt, erlaube ich mir zwei Zugriffe. Der erste sei durchaus aggressiv:

Die Religionspädagogik der letzten sechzig Jahre stellt sich einem aufmerksamen Betrachter aus einer anderen Disziplin als eine Wissenschaft dar, die in Vollendung die Kunst reaktiven Reagierens beherrscht hat und wohl auch noch beherrscht. Die Religionspädagogik hat gewiß gute, ja beste Gründe dafür, sich in solcher Kunstfertigkeit zu üben. Der schönste und beste Grund heißt: Kein Kind gleicht dem andern. König Hänschen aus dem Jahr 1972 ist durch und durch ein anderes Wesen als der elfjährige namenlose Bube, der 1947 seinem schwäbischen »Ähne« das Segnen verdorben hat – und was haben beide mit Marion und Fritzchen gemein, die wohl im kommenden Jahr eingeschult werden und dann nach der Aura über ihren Köpfchen tasten dürfen? Sie sind alle miteinander grundverschiedene Wesen; und dann sorgt noch unsere Lebenswelt, die wir Gesellschaft nennen, dafür, daß sie in immer neu möblierten Räumen oder Kinderzimmern (auch Dachböden) aufwachsen, denen sie sich wohl oder übel anzupassen haben.[6]

---

5 *Chr. Bizer*, Der dogmatische Religionsunterricht: Gottes Wort als Möglichkeit denken lehren, in: JRP 2 (1985), 238-244, Zitat 239.
6 Vgl. hierzu *Bizer*, Theologie oder Religionswissenschaft? Von der Religionskunde, von König Hänschen, von der Theologie, in: KatBl 97 (1972), 257-264; *ders.*, Christentum und Schule. Vom Segen der christlichen Religion, in: Neue Sammlung 34 (1994) 681-693, Zitat 691 f.; *ders.*, Die Gesellschaft auf dem Dachboden und von

Und doch sollen alle diese Kinder – mit Johannes Bugenhagen gesprochen – »zu ihrem Herrn gebracht werden«, damit sie zu mündigen Gliedern der Gemeinde heranwachsen, die in Fragen des Glaubens eigene Verantwortung übernehmen können.⁷ Geschieht dies nicht mit Erfolg, so droht der gesamten christlichen Gemeinde nach Bugenhagens Worten die härteste Strafe, die dieser Herr kennt, der auf den Zulauf und das Mündigwerden der zu ihm gehörenden Kinder wartet. Bugenhagen hat für Braunschweig 1528 eine bleibend bedeutsame Kirchenordnung geschrieben, in der alle Einzelbestimmungen – bis hin zu Besoldungsfragen – von dem Auftrag der religiösen Kindererziehung abgeleitet und auf ihn ausgerichtet werden.⁸ Die christliche Kirche oder Gemeinde gibt es nicht als Selbstzweck, sondern allein aus dem Grund, daß auf Erden ständig neue Generationen von jungen Menschen heranwachsen, denen sich »verborgen unter menschlicher Gestaltung ungreifbar/greifbar der Heiland und Weltenherrscher in religiöser Aura« zur Seite stellen will, der ihnen »den Himmel als Sphäre der Geborgenheit« öffnet und »der Welt eine religiöse Struktur« unterlegt und sie so »zum letzten geordneten Lebensraum« macht.⁹ – Wie anders als mit einer Fülle von ständig wechselnden und immer wieder neu entworfenen Methoden kann man diesem unerhörten Auftrag gerecht werden?

Nachdem ich mit diesen Andeutungen den tief ernsten Hauptgrund für die Kunst des reaktiven Reagierens der Religionspädagogik angesprochen habe, sei mir nun eine Frage erlaubt, die ich auch noch etwas biographisch ausmalen will. Die Frage lautet:

Richten die Religionspädagogen und -pädagoginnen ihr Augenmerk darauf, wer Verursacher eines Methodenwechsels ist und in welcher Absicht zum Methodenwechsel aufgefordert wird? Oder anders gewendet: Gibt es in der neueren evangelischen Religionspädagogik als Wissenschaft eine Hearing- oder Clearing-Stelle, die erst einmal die Pässe jener Grenzgänger prüft, die dazu aufrufen, man müsse jetzt einen ganz neuen Weg einschlagen? Es könnten in diesen Pässen ja ein paar Stempel stehen, die stutzig machen. Vielleicht gibt es da einen Herkunftsort zu le-

---

einem biblischen Kobold. Ein religionspädagogischer Versuch zur Gestaltpädagogik, in: JRP 7 (1990), 161-178.
7 *H. Lietzmann* (Hg.), Johannes Bugenhagens Braunschweiger Kirchenordnung 1528, Bonn 1912 (KlT 88), 7. – Über den Stand der Dinge in Braunschweig 465 Jahre später informiert *Bizer*, Die konfessionelle Bindung des Religionsunterrichts. Zur evangelisch-religionspädagogischen Diskussion in Niedersachsen, in: JRP 10 (1993), 189-199.
8 Vgl. *W. Maurer*, Über den Zusammenhang zwischen kirchlicher Ordnung und christlicher Erziehung in den Anfängen lutherischer Reformation, in: *ders.*, Die Kirche und ihr Recht. Gesammelte Aufsätze zum evangelischen Kirchenrecht, hg.v. *G. Müller / G. Seebaß*, Tübingen 1976 (JusEcc 23), 254-278; *J. Mehlhausen*, Kirchenordnungen und die Weitergabe des Glaubens und der Lehre, in: *W. Pannenberg / Th. Schneider* (Hg.), Verbindliches Zeugnis II: Schriftauslegung – Lehramt – Rezeption, Freiburg i.Br. / Göttingen 1995 (DiKi 9), 284-308, Zitat 290 f.
9 *Bizer*, Christentum und Schule, 687.

sen, alte Visa und frühere Grenzübergänge, die den Inhaber dieses Passes nicht gerade als einen Menschen ausweisen, dem man in einer so hoch wichtigen Sache die Suche des einzuschlagenden Weges überlassen sollte. Die gleiche Frage noch einmal anders formuliert: Braucht die evangelische Religionspädagogik bei der Suche nach neuen Methoden nicht einen Kleinen Katechismus theologischer Fundamentalsätze, die jeder und jede unterschreiben muß, die sich an diesem Auftrag, der vom Herrn der Kirche kommt, beteiligen will?

Oder ist die Situation der evangelischen Religionspädagogen im Amt tatsächlich derart schwierig und unübersichtlich geworden, daß man in jedem Fall froh und dankbar ist, wenn überhaupt irgendjemand zu irgendeinem neuen Weg oder Umweg auffordert, der Erleichterung verspricht? Ich stelle diese Frage nicht spielerisch, sondern ernst. Ich kann es mir als nicht an Schulen Unterrichtender schon vorstellen, daß die Erfüllung der reformatorischen Forderung heute so viel Kraft kostet und in so viele Enttäuschungen hineinführt, daß man nach allem greift, das wie ein neuer Anfang aussieht.

Ich versprach, meine Frage biographisch auszumalen. Nun: Ich hatte meinen Freund als gelehrten Patristiker[10] und als einen in den reformatorischen Fundamentalunterscheidungen geübten Theologen in Bonn verabschiedet und hörte zu meinem Staunen wenig später aus Marburg, daß ich nun Wolfgang Klafki lesen müsse, um im Gespräch mit ihm bleiben zu können. Da ich diese Pflicht nicht einsah, wurde es tatsächlich etwas still zwischen uns. Gelegentliche Nachrichten schienen mein Vorurteil zu bestätigen, daß es gar nicht Klafki war (dessen Theorie der Didaktik schließlich im Jahr 1959 erschienen ist), der für die neuen Aufregungen sorgte. Waren es nicht ganz allgemeine Erschütterungen aus dem Erdbeben von 1968, die die Marburger Religionspädagogik auf neue Wege zu drängen versuchten und meinem Freund gewaltige Anstrengungen abverlangten, der hier eben nicht mittrotten wollte, obgleich ihm mancher hochprozentige Trank aus Frankfurt am Main recht gut schmeckte?

Im Jahre 1972 las ich dann, daß auch Klaus Wegenast »in aristotelischer Schultradition ... gemäß dem mittelalterlichen Hexameter quis quid ubi quibus auxiliis cur quomodo quando« auf einem »in skizzierter Weise aufgezäumten Rosse« ebenfalls eine Attacke gegen den neuen religionspädagogischen Geist geritten – und offensichtlich verloren habe.[11] Doch neben solch grimmiger Kriegsberichterstattung war in der Habilitationsschrift die kühle Prosa zu lesen: »Die Anleihen der religionspädagogischen Theorie bei akademischen, z.B. systematischen oder hermeneutischen Schulsystemen haben die Einsicht verstellt, daß der Prozeß, in

---

10 *Bizer*, Studien zu den pseudathanasianischen Dialogen der Orthodoxos und Aetios, Diss. theol. Bonn 1970 (masch.).
11 *Bizer*, Unterricht und Predigt. Analysen und Skizzen zum Ansatz katechetischer Theologie, Gütersloh 1972, 47; 51f.

dem der Sachverhalt ›Kirche‹ im Unterrichten entfaltet wird, theologisch als eigene Aufgabe zu konzipieren und zu reflektieren ist.«[12] Der Freund hatte seine Sache erfolgreich durch die Wirren hindurchgebracht und dokumentierte dies durch die Widmung seines Buches an den Vater und – wenn auch mit einem Fragezeichen versehen – durch den an mich gerichteten Zusatz: »Wie war das einst in Bonn zur Zeit der Kolleg-Frühmesse mit Gesetz und Evangelium?«[13]

Nun werfe ich als Historiker die Frage auf, ob es eine Möglichkeit gibt, die Geschichte der neueren evangelischen Religionspädagogik in Gestalt einer Geschichte der Herausforderungen zu schreiben, die die jeweiligen Wege und Umwege bewirkt haben? Es ist doch von hohem Interesse, einmal festzustellen, nicht bloß: was da gewesen ist, sondern: was da gewollt wurde. Wer stellte die neuen Fragen mit welchem Interesse? Wer ließ sich warum auf diese Fragen ein? Wer verteidigte was mit welcher Begründung? Wer fand – im Theoriefeld dialektisch bereichert – auf theologisch gefügten Grund zurück? Wer blieb – so garstig es ist, das sagen zu müssen – im Gestrüpp und Unterholz theologieferner Beliebigkeit ein für allemal hängen?

Ich lese an anderem Ort: »Eine Religionspädagogik der Sozialisation agiert fahrlässig in ätherischen Höhen reiner Unverbindlichkeit, wenn ihr Unterricht spirituell Traditionen (und seien es sogenannte ›freiheitliche‹) zur Formung von Einstellungen reaktiviert, ohne zugleich dafür zu sorgen, daß die gewünschten Verhaltensweisen innerhalb der gesellschaftlichen Auseinandersetzungen durch dem Schüler zugängliche, konturierte Gruppen ermöglicht und abgedeckt werden. These: Nimmt die Religionspädagogik ihre Funktion theologischer Kirchenkritik nicht wahr, ist sie auch in der Schule kastriert.«[14]

Diese Sätze wären ein feiner Anfang für ein Unterkapitel zur Geschichte der neueren Religionspädagogik, in der nicht bloß beschrieben wird, was es gab, sondern in der analytisch festgestellt wird, wer jeweils Herausforderer war und möglicherweise schon dadurch sein eigenes Interesse ins Ziel brachte, daß seine Herausforderung angenommen wurde. Eine solche kritische Geschichte der neueren Religionspädagogik hätte den großen Vorzug, in der Fülle der Varianten Konstanten erkennen zu lassen, die als Vorlage für den vorhin erbetenen Kleinen Katechismus theologischer Fundamentalaussagen dienen könnten.

---

12 Ebd., 59.
13 Das wichtigste Lehrbuch war und blieb: *E. Bizer*, Fides ex auditu. Eine Untersuchung über die Entdeckung der Gerechtigkeit Gottes durch Martin Luther, Neukirchen ³1966; vgl. auch *Chr. Bizer*, Vorgaben und Wege zu meiner Predigt. Ein homiletischer Traktat, in: *ders.*, Von Drachen, von Engeln, vom christlichen Wesen. Psalmenpredigten. Mit einem homiletischen Traktat, Neukirchen-Vluyn 1993, 82-106; bes. 90-92.
14 *Bizer*, Sozialisation in der Begründung eines Religionsunterrichts, in: *E. Amelung* (Hg.), Strukturwandel der Frömmigkeit. Situationen der Kirche. Eine Bestandsaufnahme, Stuttgart/Berlin 1972, 227-233, Zitat 231.

Damit komme ich zu meinem zweiten Zugriff. Er ist nicht aggressiv, wohl aber nachdenklich und besorgt. »Unterrichtete Religion oder gelehrter Glaube« steht in der Überschrift meines Symposionsbeitrages. Ich habe diese Worte bewußt gewählt, nicht weil sie eine alte religionspädagogische bzw. katechetische Urdifferenz andeuten, sondern weil sie für beide Lager – die Vertreterinnen und Vertreter des Religionsunterrichts wie der Glaubenslehre – ein gemeinsames Fundamentalproblem signalisieren, das ich persönlich für jene Herausforderung halte, die im ausgehenden 20. Jahrhundert in unserem Traditionsbereich mit allen verfügbaren Kräften aufgenommen und bewältigt werden muß.

In den sechzig Jahren, auf die zurückzublicken wir Anlaß haben, sind Tausende und Abertausende von sekundären Verkündigungsquellen der christlichen Botschaft versiegt. Sie strömten einmal so reichhaltig, daß man mit ihrer Kanalisierung alle Hände voll zu tun hatte. Sie waren einmal so ergiebig, daß man die Aufforderung, sie zu verstopfen, zum theologischen Programm machen konnte und vielleicht auch machen mußte. Sie luden früher einmal junge Menschen so verlockend zum Planschen und Baden ein, daß Religionspädagogen wie Bademeister die Kinder aus diesen Wassern herausholen und abtrocknen mußten. Aber auch die größte Zahl der erwachsenen Gemeindeglieder liebte diese Gewässer über die Maßen.

Was ist mit diesen sekundären Verkündigungsquellen der christlichen Botschaft gemeint? Nun, zunächst sagt wohl die Beifügung des Adjektivs »sekundär« deutlich genug, daß nicht an die durch Schrift und Bekenntnis autorisierten und durch sie in ordnende Zucht genommenen Gestalten der Verkündigung zu denken ist, die nach CA 7 evangelische Kirche definieren. Doch neben dieser verantwortlich geordneten kirchlichen Verkündigung gab es in unserem Traditionsraum bis tief in das 20. Jahrhundert hinein eindeutig christentumsgeschichtlich geprägte nonverbale Signale und verbale Mitteilungen, denen Jung und Alt ständig ausgesetzt waren und durch deren Vermittlung ein nicht zu unterschätzender Bestand an Vorauswissen über die christliche Religion ungeordnet aufgehäuft wurde.

Dieses in der Regel chaotische, manchmal vermutlich zutiefst häretische, oft sicher gefährlich vorurteilsträchtige Vorauswissen wurde von den Kindern in alle Gestalten des Unterrichts und der Glaubenslehre eingebracht; es mußte dort korrigiert werden; einiges war zu eliminieren; manches konnte auch toleriert werden; ein Rest verdiente wohl sogar lobende Anerkennung. Aber entscheidend war: Es gab solche aus vorauslaufenden und begleitenden sekundären Verkündigungsquellen der christlichen Botschaft stammende Bewußtseinsinhalte.

Ich nenne Beispiele und beginne mit einem seltenen, kostbaren Ereignis: Wir lesen, daß es vor fünfzig Jahren auf der Schwäbischen Alb noch einen »Ähne« gab, der sein Enkelkind segnen wollte wie Jakob seine Enkel und der damit dem kleinen Buben zu einem hochtheologischen geistlichen Exerzitium verhalf.[15]

Andere Beispiele: Noch vor dreißig Jahren gingen im Rheinland am Aschermittwoch Menschen mit einem Aschenkreuz auf der Stirn über die Straße, das katholische Bußlehre predigte und Anlaß zu vielerlei Reflexionen bei Jung und Alt gab. Ich erhielt durch das Verhalten meines kulturprotestantisch-preußischen Vaters eindrücklichen nonverbalen Elementarunterricht in kontroverstheologischen Grundsatzfragen: Beim Anschauen der Fronleichnamsprozession – die Straßenränder waren damals noch dicht von Menschenketten gesäumt – gingen katholische Männer beim Vorbeiziehen des Allerheiligsten tief in die Kniebeuge, mein Vater stand betont aufrecht und lüpfte nur kurz den Hut.

Ein anderes weites Feld: Bis vor nicht allzu langer Zeit wurden sehr viele alltagsethische Fragen in den Familien mit Hilfe von Argumenten diskutiert, die christliches Traditionsgut – und sei es noch so verquast – in sich enthielten. Wie oft haben kleine Kinder früherer Generationen den Ausruf gehört: »Wenn das der liebe Gott wüßte!« Trotz seiner penetranten Banalität und theologischen Insuffizienz brachte ein solcher Satz immerhin »Gott« in die Alltagskonflikte ein. Ist sein Fehlen im Vokabular junger Eltern heute nur als Fortschritt im Bewußtsein der Freiheit zu werten?

Noch ein Beispiel: Der bürgerliche Sonntag mit seiner Stimmung zwischen verordneter Ruhe, gepflegter Langeweile, besonderer Kleidung sowie gehobenem Essen predigte immerhin doch etwas von Sabbat, Fest und Feier. Ich breche die Aufzählung der Beispiele ab.

Eine dieser sekundären Verkündigungsquellen der christlichen Botschaft ist nach der anderen versiegt. Um es zugespitzt zu sagen: Es werden Kinder heranwachsen, die beim Anblick des Kölner Doms nicht in der Lage sind, die religiöse Semantik des Gebäudes auch nur andeutungsweise zu entschlüsseln. Dies ist nach meiner Ansicht eine wirklich epochale Herausforderung für alle Gestalten der Religionspädagogik. Ich spiele das Problem noch kurz an den beiden Hauptbegriffen durch:

Religion unterrichten hieß in unserem Traditionsraum jahrhundertelang, vorhandener, christlich gefärbter Religiosität und Religionskenntnis – wie dumpf und undeutlich sie auch immer sein mochte – einen geordneten Untergrund geben, der so tief reichen konnte wie die Institutio Calvins, der aber auch aus ein paar Generalanweisungen bestehen durfte. Heute aber ist der Tatsache ins Auge zu sehen, daß gar nicht »unterrichtet« werden kann, weil es da nichts gibt, dem man eine ordnende, sichernde und vertiefende Institutio oder einen Kleinsten Katechismus

---

15 Vgl. *Bizer*, Christentum und Schule, 691 f.; weitere Informationen über den »Ähne« bei *Bizer*, Vom christlichen Glauben und der Übersicht in Unübersichtlichkeiten, in: das Baugerüst 47 (1995), 32-36.

beigeben könnte, sondern daß christliche Religion überhaupt erst errichtet werden muß.

Ähnlich die Glaubenslehre. Daß aus dunklem, wirrem, mit viel Aberglauben versetztem Glauben ein gelehrter Glaube, eine fides formata, werde, ist ein großes und schönes Ziel auf dem von Bugenhagen gewiesenen Weg gewesen, und die reformatorischen Katechismen sind diesen Weg abgeschritten und haben ihn für Generationen abgesteckt. Auch in diesem Bereich wurden Reduktionen von Anfang an für zulässig erklärt. Luther hat den Glauben des Köhlers auf der schönen Brücke in Prag bekanntlich gerade angesichts existentieller Grenzsituationen ernst genommen und für tragfähig gehalten.[16] Wenn jedoch heute oder in naher Zukunft millionenfach noch nicht einmal ein Köhlerglaube beim Gang über die Brücken unserer Städte angetroffen werden kann, dann hat der Prozeß der Säkularisierung eine neue Qualität erreicht. Der Verweis auf zivilreligiöse Glaubensformen und eine Anknüpfung an sie hilft meines Erachtens nicht weiter. Hierzu müßte man die Erörterungen von Volker Drehsen kritisch diskutieren, die er in seinem neuen Buch »Wie religionsfähig ist die Volkskirche?« angestellt hat.[17]

Ich komme zum Schluß und erwähne nur noch eine letzte Überlegung. In seiner »Rede« über »Gestaltpädagogische Elemente in der Religionspädagogik« sagt Christoph Bizer:
»Die Klage von manchen Religionspädagogen an den Schulen, daß die Jugendlichen nichts mehr an religiöser Vorbildung in den Unterricht mitbrächten, ist deshalb dummes Zeug, weil ein verquerer Lernbegriff dahintersteckt. Schüler *kriegen* in der Schule, und müssen nur das mitbringen, was in ihnen steckt.«[18] Ich verbinde diesen Satz mit einem Gedankengang aus dem Schlußteil des TRE-Artikels »Katechetik«: Wenn die Jugendlichen aber etwas bekommen haben, werden sie mündig – eben wie es Bugenhagen gefordert hat – und es kann ein Raum für lebendiges Lernen geschaffen werden, »in dem die Lernenden selbst das Evangelium für die Lernenden – und damit für die ganze Gemeinde, die sich ihres Grundes immer unsicher ist, – hörbar, sichtbar, greifbar und

---

16 Vgl. *A. Ritschl*, Fides implicita. Eine Untersuchung über Köhlerglauben, Wissen und Glauben, Glauben und Kirche, Bonn 1890; vgl. auch *Bizer*, Der wohl-unterrichtete Student um 1800. Das Amt des Pfarrers in der Göttinger theologischen Lehre, in: *B. Möller* (Hg.), Theologie in Göttingen. Eine Vorlesungsreihe, Göttingen 1987, 111-135.
17 *V. Drehsen*, Wie religionsfähig ist die Volkskirche? Sozialisationstheoretische Erkundungen neuzeitlicher Christentumspraxis, Gütersloh 1994.
18 *Bizer*, Die Schule hier – Die Bibel dort. Gestaltpädagogische Elemente in der Religionspädagogik, in: *ders.*, Kirchgänge im Unterricht und anderswo. Zur Gestaltwerdung von Religion, Göttingen 1995, 31-50, Zitat 43 (Hervorhebung im Original); vgl. ferner *ders.*, Liturgik und Didaktik. In Erinnerung an Friedrich Buchholz (1900-1967), in: JRP 5 (1988), 83-111, und *ders.*, Die Heilige Schrift der Kirche und der Religionsunterricht in der öffentlichen Schule. Ein religionspädagogischer Gedankengang, in: JRP 8 (1991), 115-138.

überhaupt sinnfällig machen und unterrichtlich-probeweise verantworten.«[19]

»Schüler kriegen etwas in der Schule«, und ihr Erfolgserlebnis besteht darin, daß sie sagen können: »Ich kann es!«. Die Wege und Umwege der Religionspädagogik im 20. Jahrhundert haben dazu geführt – und noch einmal zitiere ich –, daß die Schule von langer Hand her daran gewöhnt wurde, »sich an ein ›Christentum‹ zu halten, in dem christliche Religiosität und Lebenswelt bereits kulturell vermittelt waren, so daß innerhalb des Schulgehäuses von den religiös-kultischen Vorgängen abstrahiert werden konnte und mit Religion gebildet zu verfahren war.«[20] Auf einem ganz und gar anderen Feld ist mir dasselbe Argument oft kritisch vorgehalten worden. Konservative Juden, die den »christlich-jüdischen Dialog« entweder freundlich-bedauernd oder auch etwas gereizt ablehnen, pflegen die Frage zu stellen, ob wir Christen uns nicht auf dem Umweg über den Dialog von der Gegenseite das entlehnen wollen, was uns selbst abhanden gekommen ist: den selbstverständlich beherrschten – eben: gekonnten! – Umgang mit »religiös-kultischen Vorgängen«, die dem Wesen reformatorischen Christentums adäquate Lebensgestalt verleihen.

Gottfried Traub, über den am Tübinger Lehrstuhl fleißig geforscht wird, hat 1911 einen Vortrag vor dem »Sächsischen Schulverein für Reform des Religionsunterrichts« mit dem Titel gehalten: »Wie macht man den Kindern die Religion verhaßt?«. Dort sagte Traub – neben vielem problematischem Gepoltere gegen die herrschende Theologie und kirchenamtliche Schulpolitik – die feinen Sätze: »Wenn man wirklich unsere Kinder im Religionsunterrichte in dem Sinne zu religiösen Menschen heranziehen will, wie es ein großer Teil der Lehrpläne und ihre regierungsamtlichen Voraussetzungen bedingen, sollte man den Religionsunterricht schon äußerlich aus dem Rahmen des Unterrichts herausheben. Feierstunden möge man dem Kinde schaffen!«[21]

Das wurde 1911 gesagt. Zieht man von hier eine Linie bis zur im Jahre 1990 versammelten »Gesellschaft auf dem Dachboden« und von dort bis zu Marion und Fritzchen, die wohl erst im kommenden Jahr eingeschult werden, dann wird es schon notwendig, die Selbstreflexion der Religionspädagogik auf ihre eigene Geschichte an anderen Wegmarken um Halt zu bitten, als dies in den Pflicht- und Kür-Übungen der Examenskandidaten derzeit zu geschehen pflegt. Ich danke Christoph Bizer dafür, daß er das »Geschichtsbild« seiner Disziplin von innen wie von außen so kräftig durchgeschüttelt hat. Nicht nur die Zunft der Historiker

---

19 *Bizer*, Art.: Katechetik, in: TRE 17 (1988), 705, 38-40; vgl. auch *ders.*, Katechetische Memorabilien. Vorüberlegungen vor einer Rezeption der evangelischen Katechetik, in: JRP 4 (1987), 77-97.
20 *Bizer*, Christentum und Schule, 688.
21 *G. Traub*, Wie macht man den Kindern die Religion verhaßt? Vortrag, Leipzig 1911, 6.

hat dadurch neue Aufgaben erhalten, sondern beim Schütteln ist auf dem Grund wieder sichtbar geworden, warum man nach Ansicht Luthers und seiner Weggefährten »Kinder zur Schule halten solle«.[22]

---

22 »Liebe Herren, man muß jährlich so viel aufwenden für Kanonen, Wege, Stege, Dämme und unzählige solche Dinge mehr, wodurch eine Stadt zeitlichen Frieden und Ruhe haben soll. Warum sollte man nicht viel mehr aufwenden für die bedürftige, arme Jugend? [...] Was hülfe es, daß wir sonst alles hätten und täten und wie reine Heilige wären, wenn wir das unterlassen, wofür wir hauptsächlich leben, nämlich uns des jungen Volkes anzunehmen? [...] Nun muß das junge Volk hüpfen und springen oder jedenfalls etwas zu tun haben, woran es Vergnügen hat, und es ist ihm darin nicht zu wehren; es wäre auch nicht gut, alles zu verwehren. Warum sollte man ihm dann nicht solche Schulen einrichten und solche Wissenschaft vortragen, zumal jetzt durch Gottes Gnade alles so eingerichtet ist, daß die Kinder mit Vergnügen und Spiel lernen können.« *M. Luther*, An die Ratsherrn aller Städte deutschen Landes, daß sie christliche Schulen aufrichten und halten sollen (1524), in WA 15, 27-53; zit. nach der Textfassung von *D. Lange* in: Martin Luther. Ausgewählte Schriften. Hg. v. *K. Bornkamm / G. Ebeling*, Frankfurt/M. 1982, V, 41-72.

Ernst Kampermann

Über Kirchentümer und Gewalten und das Schulfach Religion

Aufgesang
»Auch wenn Herr Kampermann mein Liedchen überhaben sollte, so sei es ihm doch aufs Neue vorgetragen und in herzlicher Verbundenheit übersandt.«
Mit dieser Widmung hat Christoph Bizer mir seinen Aufsatz in »Neue Sammlung«, Heft 4/1994 zugeschickt, »Christentum und Schule« überschrieben. Was für ein Liedlein stimmt der so geschätzte Professor aus Göttingen an? – Ich habe gelesen, hingehört, das Wahrgenommene mit anderen seiner Äußerungen verglichen und bin auf eine Tonfolge gestoßen, die, hat man sie einmal vernommen, nicht leicht zu überhören ist: unverkennbar, auch in ihren Variationen, nicht penetrant, aber nachdrücklich. Der Sänger sucht Aufmerksamkeit. Darum ist sein Lied eher keß als verhalten, durchaus dissonant, keineswegs leicht eingänglich. Ja, es legt sich aufs Gemüt, geht nicht mehr aus dem Sinn. – Was tue ich nun? Auch ich stimme ein Lied an, will mit derselben Herzlichkeit und einigem Nachdruck sein Lied erwidern und hoffe, Christoph Bizer, mit dem ich seit Jahrzehnten manches gemeinsam bedacht, lebhaft erörtert und entschlossen getan habe, nimmt es bereitwillig auf. Daß wir auf verschiedenen Bühnen singen, soll das Miteinander nicht beeinträchtigen. Im Gegenteil, darin könnte sein Reiz liegen. Bevor ich aber mein Lied anstimme, soll seines der Tonfolge nach aufgezeichnet werden. Danach läßt sich eher bestimmen, wie es zu sonstigen Gesängen paßt und sich zum Ganzen des Chorwerks fügt, an dessen steter Aufführung wir mit vielen anderen zusammen beteiligt sind.

1. Von Kirchentümern und Gewalten

Der Sache nach geht es um die Frage, ob und, wenn ja, wie Christentum und Schule, wie Religion und Unterricht unter gegenwärtigen Bedingungen zueinander finden können. Dafür engagiert Christoph Bizer sich wie wenige andere. Einfallsreich bringt er sein Anliegen in immer neuen Anläufen ins Spiel: ob unter dem Aspekt gottesdienstlichen Erlebens[1],

---

Vorbemerkung: Bei den Zitaten 1-27 ist Verfasser stets *Christoph Bizer*.

1 Liturgik und Didaktik, in: JRP 5 (1988) 83-111.

der Auslegung der Heiligen Schrift² oder der Erschließung des Wortes Gottes³, ob unter gestaltpädagogischer Fragestellung⁴ oder in exemplarischer Darstellung⁵, stets bewegt ihn die Frage, wie die Religion – in unserem Land das Christentum – eine Chance behält und sie wahrnimmt, als ein anregendes, beunruhigendes, kritisches, auf jeden Fall ein höchst wichtiges und belebendes Element in Schule und Unterricht wirksam zu werden.

Der Verfasser stellt seine Fragen mit pädagogischer Leidenschaft, aber mit ebensolcher Bedachtsamkeit; denn darin ist er kundig: »Religion ist viel zu gefährlich, um leichtsinnig mit ihr umzugehen.«⁶

Christoph Bizer sieht sein Anliegen gefährdet. Aus seiner Sicht gefährden es zumal die »Kirchentümer« oder »Landeskirchentümer«, wie er sie nennt, die vorgeblich den Unterricht in Religion gewährleisten und fördern wollen. Eben darin aber traut er ihnen nicht. Zwar respektiert er das historisch gewachsene und rechtlich begründete institutionelle Miteinander von Kirche und Schule, aber Gutes für den Religionsunterricht, besser: für den Unterricht in Religion in der Schule, erwartet er davon nicht. Bei ›Kirche und Schule‹ denken wir, so sagt er, »an die verfaßte Kirche, faktisch an die Oberbehörden, die die Fortbildung von Religionslehrerinnen und Religionslehrern finanzieren. Im Gegenzug fordern sie Mitsprache in Angelegenheiten ›ihres‹ verbürgten Religionsunterrichts.«⁷ Es gehe den Kirchen um Wahrung von Ansprüchen, die inzwischen allerdings ins Leere griffen. Denn »die gegenwärtige institutionalisierte Religion ... hat ein gebrochenes Verhältnis zur herrschenden Vorstellung von Wirksamkeit.«⁸

Besonders vom evangelisch-kirchlichen Christentum sei festzustellen, daß »seine gesellschaftliche Reichweite bescheiden« ist.⁹ Erfahrbare Religion werde im Raum der Kirchentümer, z.B. in den Gottesdiensten der institutionalisierten Kirchlichkeit, kaum noch entfaltet. Die Rahmenbedingungen in der Schule als Gestaltungs- und Erfahrungsraum für Religion und Christentum hält Christoph Bizer inzwischen für günstiger als die Räume, die Kirchen dafür bereithalten.¹⁰

Dies alles stellt der akademische Kritiker mit spürbarer Enttäuschung fest. »Es ist mein Berufsinteresse, aber auch mein existentielles Interesse, nach Punkten zu fragen, an denen sich das Christentum mögli-

---

2 Die Heilige Schrift der Kirche und der Religionsunterricht in der öffentlichen Schule, in: JRP 8 (1991) 115-138.
3 Das Wort Gottes und der Unterricht, in: EvErz 5 (1994) 391-399.
4 Die Gesellschaft auf dem Dachboden und von einem biblischen Kobold, in: JRP 7 (1990) 161-178.
5 Christentum und Schule, in: Neue Sammlung, (1994) 681-693.
6 Das Wort Gottes und der Unterricht, 395.
7 Christentum und Schule, 684.
8 Liturgik und Didaktik, 85.
9 Ebd., 89.
10 Vgl. ebd., 94.

cherweise lebendig zeigt.«[11] Doch »was die Kirchengemeinden an Lernorten ... anbieten, ist in meinem Erfahrungsbereich minimal.«[12] Deswegen stellt er sich und anderen die Frage: »Wie ist das bei uns, wenn Religion in ein für sie eingerichtetes Schulfach eingebracht wird? Woher wird sie genommen? Wenn sie in Elternhäusern nicht lebt; wenn sie in Kirchengemeinden mehr verwaltet als gefeiert ist; ... als entleertes Stilelement, in dem der Inhalt eliminiert und die Möglichkeit eines Ernstfalls geradezu ausgeschlossen ist: jener Ernstfall, Sie wissen, in dem es doch auf einmal klar wird, daß sich unter einer verhüllenden religiösen Form – der herannahende Gott abzeichnet?«[13] Hier spricht jemand, der Trauer trägt darüber, daß ihm das »institutionalisierte Christentum«, wie er es nennt, trotz aufmerksamer Suche, in seinem Wahrnehmungsbereich nur noch bedingt, vielleicht gar nicht mehr ausdrucksfähig und erfahrungsgefüllt erscheint. »Obwohl oder weil ich evangelischer Theologie bin, ist das Christentum für mich zuweilen verschlossen.«[14]

Hinter Enttäuschung, Traurigkeit und einiger Bitterkeit verbergen sich, wenn ich ihm recht zugehört habe, immer noch eine lebhafte Aufmerksamkeit und nicht erloschene Erwartung an eine lebendige Religion auch in den Gestaltungsräumen der Kirche. Nur ein enttäuscht Liebender ist so bitter. Nur ein solcher trifft so zielsicher und hart die wunden Punkte bei dem, der ihn enttäuscht. Lieber ließe er sich vom Gegenteil überraschen, als in seinem Urteil Recht zu behalten.

Es finden sich aber auch Sätze, die weiter gehen; z.B. wenn er »ein evangelisches Landeskirchentum« skizziert, »das sich institutionell auf Verwaltung von Traditionsbeständen beschränkt, seine eigene Religiosität inzwischen kaum mehr wahrnehmen kann und sich darin erschöpft, das eigene Milieu durch Sprachregelungen zu pflegen.« Schließlich: »Das evangelische Landeskirchentum hat sich selbst die Frage nach dem ›Heil‹ abgewöhnt. Christentum im Kontext von Kultur speist sich nicht mehr aus kirchlicher Religiosität; das evangelische Landeskirchentum hat sich für das Christentum unzuständig gemacht.«[15] Hier wird festgestellt, konstatiert, resümiert. Hier ist von Hoffnung, vom Wunsch, vom Gegenteil überzeugt zu werden, so gar nichts mehr zu erkennen. Denn einem so abschließenden Urteil ist eigentlich nichts mehr hinzuzufügen. Wer Einwände erheben, wer widersprechen möchte, hat kaum eine Chance; denn das Urteil steht schon fest. Die in den Kirchentümern Tätigen (wie ich) scheinen auf ganz verlorenem Posten zu stehen, Museumswärtern ähnlich, nur daß sie es noch nicht gemerkt haben. Meint Christoph Bizer das so radikal? Oder habe ich im Zitieren überzogen? Ich wünschte es; denn dann kann ich zurückfragen in der Hoffnung, daß

---

11 Ebd., 88.
12 Ebd., 93.
13 Das Wort Gottes und der Unterricht, 394.
14 Liturgik und Didaktik, 88.
15 Christentum und Schule, 688.

nicht alle Fäden zerrissen oder daß sich abgerissene Fäden wieder knüpfen lassen, daß sich manches auch anders sehen ließe. Mag sein, am Ende sind selbst die Kirchentümer und Gewalten nicht nur beachtliche, wenngleich bereits überwundene Mächte, die die Thronwacht für eine versunkene Epoche halten und die christliche Religion daran hindern, ihre Kraft und ihre Faszination auch heute zu entfalten, etwa im Unterricht der Schule.

2. Vom Aufleben des Christentums in der Schule
Drei Fragen und ein Widerspruch

»Mein akademischer Seminarunterricht«, so Christoph Bizer 1990, »will erfahrbar machen ... , wie evangelisches Christentum ansatzweise durch lebendigen Unterricht so konkret wird, daß in Auseinandersetzung damit das geerbte Christentum anfangen könnte, neu zum eigenen Christentum zu werden.«[16] Darum geht es ihm. Er traut dem Aufleben des Christentums im Raum der Schule viel zu, ist neugierig darauf, »was evangelisch-christliche Religion und die anderen Spielarten von Religionen anders, so bringen; was Religion aus sich machen läßt.«[17] Er appelliert an andere, mit ihm zusammen dem neugierig nachzugehen und auf Überraschungen gefaßt zu sein.

Nun möchte ich fragen: Warum sieht Christoph Bizer die Schule so ganz unter dem Aspekt dessen, was möglich wäre oder doch möglich werden könnte, und warum sieht er nicht unter gleichem Aspekt die Kirche? Warum erwähnt er nichts von den immer schon und gegenwärtig zunehmend vorhandenen Schwierigkeiten, unter denen in allen Schulformen der Schulalltag stattfindet? Warum notiert er die triste Routine nur im kirchlichen Bereich? Mir scheint, er sieht die Schule, wie sie sein könnte oder sein soll: »ein Raum zum Wachsen für alle«[18]. Mit einer offenen Schule will Christoph Bizer die »evangelisch-gelebte Religion« ins Gespräch bringen, sie in ihr beheimaten. Gewiß doch! Aber warum sieht er die verfaßten Kirchen nicht mit denselben Augen, daraufhin nämlich, was sie sein und werden könnten, ihrem Auftrag nach sein sollen und was sie partiell und hier und da immer wieder auch sind? Wird hier nicht mit zweierlei Maß gemessen? Kirche in desolater Verkrustung – Schule im Morgen neuer Aufbrüche?

Aporien für die Schule sieht Christoph Bizer daraus entstehen, daß ihr Religion stets als institutionell geprägtes Christentum begegnet. Damit kann die Schule aber nichts Rechtes mehr anfangen. »Will sie das Christentum in ihren Unterricht einbeziehen, kann sie sich nicht länger auf Ergebnisse von kirchlich vermitteltem Christentum beziehen, sondern muß sich im Unterricht selbst in den Prozeß einschalten, in dem mögli-

---

16 Die Gesellschaft auf dem Dachboden, 164.
17 Das Wort Gottes und der Unterricht, 397.
18 Vgl. Christentum und Schule, 688.

cherweise und in mitverantworteter Gestalt aus den Vorgaben der Heiligen Schrift Gestaltungen von Rechtfertigung und damit religiös und kulturell lebbares Christentum entwickelt wird.«[19] Hier wird, wenn ich recht sehe, vorgeschlagen, daß die Schule – wer ist die Schule? – »nach Heil und Heilserleben gefragt«,[20] sich nunmehr selbst der Sache der Religion annimmt, sie von ihren Kraftquellen her sich entfalten läßt und so das Christentum zum schulischen »Projekt« macht.[21]

Darum ist meine zweite Frage: Soll sich der Unterricht in Religion vom Rückbezug auf die Kirchen emanzipieren? – Es hätte Konsequenzen, wenn ein solchermaßen freier Unterricht in Religion auf die konfessionellen Bindungen der Unterrichtenden – von der der Unterrichteten muß in diesem Zusammenhang nicht die Rede sein – verzichtete, zumal nach Christoph Bizer das ›Prinzip der Konfessionalität‹ in der Praxis ohnehin als immer weniger einlösbar gelten muß.[22] Wenn es darum geht, daß konkrete Religion herausgearbeitet wird, haben Organisationsformen eines christlich konfessionell bestimmten Schulfaches Religion nachgeordnete Bedeutung.

Darum meine dritte Frage: Entspricht es wirklich allgemeiner und überprüfbarer Erfahrung, daß die vom Grundgesetz vorgegebene und von den Kirchen wahrgenommene Mitverantwortung für den Religionsunterricht sich konkret als »Bevormundung durch das Landeskirchentum« bei der praktischen Gestaltung des Unterrichts in Religion auswirkt? Ist es deshalb an der Zeit, »die ›Wahrnehmung‹ evangelischer Religion neu zu konzipieren«?[23] Träfe Christoph Bizers Einschätzung zu, wären die verfaßten Kirchen in der Tat ernsthaft zu befragen, wie sie solche Bevormundung rechtfertigen könnten. Sie erschienen als Kirchentümer und Gewalten wie die Engelmächte nach Römer 8: als zwar immer noch bedrohlich gegenwärtige, für manche noch beeindruckende, letztlich aber überwundene, erledigte Mächte, deren überholtem Anspruch zugunsten einer lebendigen Vermittlung von Religion in der Schule entschlossen zu widersprechen wäre.

Sollte Christoph Bizer solche Folgerungen nahelegen, setzte hier mein Widerspruch ein. Nicht weil es mir um etwas anderes als ihm ginge. Es ist unser gemeinsames Anliegen, daß evangelisches Christentum in der Schule als lebendige, lebbare Religion, als zugängliche, lebensförderliche Erfahrung inhaltlich erarbeitet, kritisch bedacht und praktisch probiert wird.[24] Ich sehe in einer aktiv wahrgenommenen kirchlichen Mitverantwortung aber keine unzeitgemäße Anmaßung oder eine eigentlich

---

19 Ebd.
20 Ebd.
21 Vgl. ebd.
22 Vgl. Die Heilige Schrift der Kirche, 117; Das Wort Gottes und der Unterricht, 394.
23 Christentum und Schule, 689; vgl. auch Die Frage nach dem allgemeinen Priestertum aller Gläubigen und der Unterricht in einem reformatorischen Katechismus, ThBeitr. 24 (1993) 305-316.
24 Vgl. Die Heilige Schrift der Kirche, 117; Liturgik und Didaktik, 88.

schon erledigte Pflicht. Vielmehr vermute ich, es begänne für den Unterricht in Religion in der Schule eine fatale Entwicklung, zögen die Kirchen sich aus ihrer Mitverantwortung zurück oder ließen sie sich herausdrängen. Nicht nur der Bestand des Religionsunterrichts auf bestehender Rechtsbasis wäre unhaltbar geworden. Gerade für seine Inhalte und für die Freiheit ihrer Entfaltung, für die Christoph Bizer sich so vehement einsetzt, bleibt die konkret wahrgenommene kirchliche Mitverantwortung grundlegend wichtig. Das soll im folgenden Abschnitt erläutert werden.

3. Von der bleibenden Bedeutung kirchlicher Mitwirkung zugunsten des Religionsunterrichts

Die Freiheit für einen neu konzipierten Unterricht in lebendigem Christentum braucht Bedingungen, die ihr den nötigen Freiraum eröffnen und bleibend gewährleisten. Andernfalls läuft sie Gefahr, sich im Schulsystem zu verflüchtigen und verloren zu gehen. Wer also tritt für den notwendigen Freiraum ein, hält ihn prinzipiell offen, streitet für ihn, setzt seine Respektierung notfalls durch? Es wäre wohl eine Illusion zu meinen, die Schule selbst, einschließlich ihrer rechtlichen Verfaßtheit und praktischen Organisationszwänge, könne und werde diesen Freiraum für die »Einführung in die gelebte Religion«[25] aus eigenem Antrieb verläßlich bewahren. Nicht nur die ständig neuen Zumutungen an die Schulorganisation, unter sehr einschränkenden finanziellen und somit personellen Voraussetzungen Schule zu halten, sprechen gegen diese Annahme. Der gegenwärtige Verlust öffentlicher Relevanz des Christlichen in der Gesellschaft und darum auch in der Lehrerschaft wirkte sich vermutlich noch nachteiliger aus.
Nun traut Christoph Bizer aufgrund seiner Beobachtungen der kirchlich gelebten Religion ohnehin nicht mehr zu, anregend und weiterführend für die Schule zu wirken. »Merkwürdig, wie weit Schule und christliche Religion voneinander entfernt sind!«[26] Darum müsse sich die Schule in entschlossener Inanspruchnahme des biblisch begründeten Priestertums aller Gläubigen dem »Reservat, das kirchenamtlich dem Klerus vorbehalten ist,«[27] entziehen: nämlich nun selbst bestimmen, wie ein Unterricht, der sich an der Heiligen Schrift ausrichtet, so zu gestalten ist, daß darin Heil und Gottvertrauen entstehen können. – Nochmals die Frage: Wer ist die Schule? Wer bestimmt in ihr, daß dies geschehen kann?
Ist es nach aller praktischen Erfahrung wirklich vernünftig und verheißungsvoll, die ›Wahrnehmung‹ christlicher Religion in der Schule daraufhin neu zu konzipieren? Wer trägt diese Konzeption inhaltlich, gewährleistet ihre Gestaltung, bisweilen deren Durchsetzung? Wer ver-

---

25 Liturgik und Didaktik, 94.
26 Christentum und Schule, 692.
27 Ebd., 689.

antwortet sie vor der Schülerschaft, den Eltern, den Kollegen, der schulischen Aufsicht – ja auch der christlichen Gemeinde am Ort? Wären das nicht stets die Unterrichtenden, und zwar sie allein und stets höchst persönlich? Bei aller Anerkennung dafür, wie entscheidend für das Gelingen gerade des Unterrichts in Religion die Unterrichtenden sind, hiermit würde ihnen viel, würde ihnen zu viel zugemutet. Was Inhalt und was Wahrheitsanspruch dessen ist, was sie unterrichtlich vermitteln, kann nicht ihrer subjektiven Überzeugung und ihrem pädagogischen Wollen allein überlassen sein. Es fehlte an der notwendigen Transparenz und im Zweifelsfall an der Überprüfbarkeit dessen, was sie anbieten. Beides aber ist zum Schutz der Schülerinnen und Schüler vor Manipulation und zur Profilierung des Faches im Kanon der übrigen Fächer nötig. Unter diesem Aspekt sehen viele Unterrichtende es als eine Entlastung an, in den Kirchen ein Gegenüber zu haben, auf das sie sich beziehen und von dem her sie ihr Selbstverständnis als Unterrichtende in Religion überprüfen und jeweils neu gewinnen können. Die Kirchen ihrerseits mischten sich damit, daß sie dafür bereitstehen, keineswegs mit einem Machtanspruch in die Schule ein. Es bleibt nach dem bekannten Wort der EKD-Synode von Berlin-Weißensee 1958 bei »einem freien Dienst an einer freien Schule«. Aber indem die Kirchen sich dafür zur Verfügung halten, werden sie zu einem Garanten dafür, daß nicht andere Ansprüche, die ebenfalls nachdrücklich in der Schule wirksam sind, den Unterricht in Religion usurpieren.

Daß gar die Schule, eine staatliche Einrichtung, für Inhalt und Gestaltung des neu zu konzipierenden Unterrichts in gelebter Religion als Garant für dessen Freiheit einträte, kann nicht eigentlich gemeint sein. In einem religiös und weltanschaulich neutralen Staat kann nicht dessen Schule darüber befinden, was Inhalt und Ausformung gelebter Religion ist. Mitbestimmung in diesem Bereich ist keine bevormundende Anmaßung, sondern eine Gewähr von Freiheit, ohne die ein Unterricht in Religion nicht überzeugen kann. Darum bleibt den Kirchen in diesem Feld eine unverzichtbare Aufgabe gestellt.

Hier wäre nun der Ort, genauer nach dem Gebrauch des Begriffs Kirche in Christoph Bizers Äußerungen und meiner Entgegnung zu fragen. Ihm wie mir liegt an der Kirche, die für das ihr anvertraute Evangelium in Verkündigung und Lehre und Dienst überzeugend eintritt. Ihre Wirkungsmittel sind nichts anderes als Wort und Sakrament. Darin besteht ihr Auftrag. Unter den Bedingungen ihres Wirkens in der Welt aber gilt auch dies – und nun zitiere ich einen Satz, den ich ohne Ortsangabe in einem Referat meines Amtsvorgängers Jürgen Uhlhorn als Bizer–Zitat fand: »Die Kirche hat eine Kehrseite, die immer notwendig zu ihr gehört.«[28] Die Kehrseite stellt sie als eine Institution dar, rechtlich verfaßt, mit Befugnissen ausgestattet, auch mit der Macht zu Entscheidungen oder verbindlichen Vereinbarungen mit Partnern in Staat und Gesell-

---

28   *J. Uhlhorn* in einem unveröffentlichen Referat »Die Kontinuität der kirchlichen Schulpolitik in Hannover« (ohne Jahresangabe).

schaft. Meint Christoph Bizer nicht eben diese Kehrseite, wenn er die Kirchentümer schilt, ihr Versagen beklagt, die Institution in all ihren Ausprägungen, unter denen der Auftrag der Kirche, das Evangelium zu bezeugen, zu verkümmern droht? Daß seine Beobachtungen Zutreffendes benennen, will ich mit gleichem Bedauern nicht bestreiten. Wohl aber bestreite ich, daß man die Aufgaben der verfaßten Kirche im Bereich des Religionsunterricht deswegen für erledigt halten sollte. Nicht daß Kirchen unter den Bedingungen ihres Wirkens in der Welt mit Macht ausgestattete Institutionen sind, ist doch das Problem, sondern wie sie damit umgehen oder was ihnen insofern angetragen wird. Darüber haben sie sich und anderen immer wieder Rechenschaft zu geben. Das gilt natürlich auch für ihr Gegenüber zur Schule und für ihr Mandat für den Unterricht in Religion.

Wenn also die Kirchen im Rahmen des rechtlich Bestimmten als Anwalt, Treuhänder oder Garant des Religionsunterrichts handeln, mischen sie sich keineswegs mit einem von vornherein abzulehnenden Anspruch in Angelegenheiten des Staates. Sie haben einen um der Freiheit des Gewissens und der Ausübung der Religion nötigen Auftrag wahrzunehmen, nicht in Form steiler Forderungen oder von Durchsetzung eigener Interessen, sondern auf dem Weg eines dialogischen Miteinanders. Ein Religionspädagogisches Institut wie das in Loccum – und der ehemalige Rektor Christoph Bizer kennt sich damit selbstverständlich aus! – ist geradezu wesentlich Plattform eines solchen dialogischen Austauschs zwischen allen Schulverantwortlichen und den Kirchen über den jeweils besten Weg für die Schule im Allgemeinen und den Unterricht in Religion im Speziellen. An diese dialogische Grundform der Mitwirkung muß sich die Kirche gewiß immer wieder erinnern lassen – und Christoph Bizers Kritik will ich auch in diesem Sinne versehen –, sie muß sie allerdings bisweilen gegenüber dem staatlichen Schulwesen auch einfordern. Dafür, daß sie dies nachdrücklich genug tun kann, braucht sie auch institutionelle Voraussetzungen.

Daß die verfaßten Kirchen sich nicht anmaßend in Belange der Schule einmischen, ist gewiß auch der relativen Eigenständigkeit der Religionspädagogik zuzuschreiben, wie sie sich herausgebildet hat. Sie besteht auf gebotener Distanz, und die Kirchen achten die Mahnung, »nicht durch enggeführte kirchenpolitische Zumutungen und Interessen ihrer Sache im Wege zu stehen.« Auf dieses »klerikale Selbstmißverständnis« weist Karl Ernst Nipkow hin.[29] Schließlich sind es die Unterrichtenden selbst, die auf Distanz achten. Religionsunterricht wird in aller Regel von wissenschaftlich und pädagogisch gebildeten, selbständigen und mündigen Lehrerinnen und Lehrern erteilt. Sie verantworten ihren Unterricht höchst eigenständig und gänzlich unabhängig von kirchlichen Weisungen. Jede Gängelei würden sie sich gewiß verbitten.

---

29 *K.E. Nipkow*, Bildung als Lebensbegleitung und Erneuerung, Gütersloh ²1992, 445.

Daß kirchlicherseits versucht würde, auf den schulischen Unterricht in seiner konkreten Gestaltung Einfluß zu nehmen, wird sich nicht behaupten lassen. Die Zeiten kirchlicher Schulaufsicht sind seit zwei Menschenaltern vorbei. Diese »Kehrseite« der Kirche muß nicht mehr bekämpft werden. Für die Rahmenbedingungen des Religionsunterrichts allerdings, die durch das Grundgesetz und die Schulgesetze der Länder beschrieben werden, stehen die Kirchen im Interesse der Freiheit dieses Faches als Institutionen in Mitverantwortung mit dem Staat weiterhin ein. Dazu gehören die Mitwirkung an der Richtlinienarbeit, bei der Genehmigung von Schulbüchern, die Einsichtnahme in den Religionsunterricht in konkreten Einzelfällen, wo der Inhalt des Unterrichts problematisch erscheint, und die Bestimmungen über die Konfessionalität des Religionsunterrichts. Bei all dem kann kein Zweifel daran bestehen, daß es sich um schulischen Religionsunterricht handelt, der nach Organisation und Aufsicht in der Verantwortung staatlicher Schulverantwortung steht. Die Kirchen bemühen sich darum, ihrer Mitverantwortung in einer unübersichtlicher werdenden Schullandschaft und trotz abnehmender Relevanz des Kirchlich-Christlichen in der Öffentlichkeit gerecht zu werden. Sie tun es einerseits gegenüber den Kultusbehörden durch allgemeine Vereinbarungen und laufende Kontakte. Sie tun es andererseits durch ein vielfältiges Angebot an Fort- und Weiterbildung für Unterrichtende. Schon die Stellungnahme des Rates der EKD vom 7./8. Juli 1971 weist darauf hin, daß gerade dies die angemessenste Form der Unterstützung des Religionsunterrichts durch die Kirchen sei.[30] Gerade die Art und Weise dieser erklärtermaßen freien Angebote, die übrigens gern angenommen werden, sind Ausdruck von Zurückhaltung, die sich die Kirchen mit Recht auferlegen, keineswegs aber ein Mittel, um »im Gegenzug Mitsprache in Angelegenheiten ›ihres‹ grundsätzlich verbürgten Religionsunterrichts« zu fordern, wie Christoph Bizer unterstellt.[31] Wie ließe sich diese Vermutung belegen? Agierten die Kirchen aber so wie vermutet, begingen sie einen schweren Fehler, der sich alsbald gegen sie richten würde.

Vielleicht ließe sich die Vermutung auf die aktuelle Diskussion über die Konfessionalität des Religionsunterrichts beziehen. Auf sie läßt sich jetzt nicht näher eingehen. Christoph Bizer vertritt auch hierzu eine Position, die über die geltenden Regelungen hinausgeht. Seines Erachtens sollten bei Lehrenden und Lernenden in dem von ihm skizzierten Unterricht »Kirchenzugehörigkeit oder Gläubigkeit« nicht Voraussetzung sein, »wohl aber die Bereitschaft, Erfahrungen zu machen.«[32] Wird ein so angelegter Unterricht Zukunft haben und behalten? Was bewahrt ihn vor einem Abheben ins allgemein oder ungefähr Religiöse oder in die höchst private, nicht hinterfragbare Religion der Unterrichtenden selbst? In den evangelischen Kirchen und selbst in den katholischen Bi-

---

30 In »Denkschriften der EKD«, Bd. 4/1, Gütersloh 1987, 61.
31 Christentum und Schule, 684.
32 Ebd., 688; vgl. auch Die Heilige Schrift der Kirche, 117.

stümern wird, wenn auch leider verschieden nachdrücklich, zunehmend begriffen, daß sie durch gegenseitige Verständigungen den Schulen mehr Gestaltungsraum verschaffen und offenhalten müssen. Darin nähmen sie angemessener ihre Mitverantwortung wahr, die Voraussetzungen dafür zu verbessern, daß der im Raum der Schule eigenverantwortete Unterricht in Religion die nötige Gestaltungsfreiheit erhält. Unterließen die Kirchen diese Mitwirkung, dem Fach Religion an den Schulen würde künftig manches widerfahren, was so einengend und dermaßen verändernd wirkte, daß weitere Überlegungen zur Zukunft dieses Faches sich von selbst erübrigten.

Der Unterricht in Religion, der sich von seinem Selbstverständnis und von seinem Inhalt her nie wie von selbst in die Schule einfügt, sondern stets auch quer liegt, braucht nicht nur Befürworter, nicht nur und vor allem überzeugende Lehrerinnen und Lehrer, er braucht auch die verläßliche Mitwirkung der Kirchen. Denen wird es dabei nicht um die Bewahrung eigener Interessen gehen, so gewiß ein guter Religionsunterricht sich stabilisierend für die Mitgliedschaft in den Kirchen auswirkt. Es geht auch den Kirchen um den Freiraum, den ein lebendiger Unterricht in Religion braucht, an dem gerade Christoph Bizer so viel liegt und den er in überzeugenden Beispielen beschreibt.

Eine ganz andere, viel zu wenig beachtete Frage wäre die, ob bei aller nötigen Distanz zwischen Schule und verfaßter Kirche Unterricht und kirchliches Leben nicht viel mehr voneinander haben könnten. Statt Abschottung voreinander Öffnung von Erfahrungs- und Erlebensräumen, statt Besserwissen ein Voneinanderlernen! Darin läge Verheißung für beide: daß Schule besser Schule und Kirche besser Kirche sein könnte. Die Gefahr der Verkrustung droht beiden. Aber es darf so viel Lebendigkeit in ihnen vermutet werden, daß Verhärtungen aufbrechen, Fremdheiten überwunden und neue gemeinsame Erfahrungen mit lebendigem Christentum möglich werden. Auch den sogenannten Landeskirchentümern, deren trotz mancher Schwäche bleibend wichtige Funktion dargestellt wurde, sollte diese Verheißung nicht entzogen werden. Um mit einem Bild abzuschließen: Will jemand über eine Brücke gehen, eine leichte schwingende Hängebrücke etwa, wäre er töricht, verließe er sich nur auf Seile und Gehbretter. Ebenso wichtig sind die Widerlager der Brücke an beiden Ufern, genau berechnet, fest verankert, immer wieder überprüfbar. Nur mit solchen Widerlagern kann die leichte, schwingende Brücke den Fluß in elegantem Bogen überspannen, lädt sie alle, die Lust darauf haben, zum Überqueren, zum Probieren, sogar zu Luftsprüngen ein. Nur eine gut verankerte Brücke ermöglicht ein solches Freiheitserlebnis, nur sie hält den Belastungen, der Witterung, den Jahreszeiten und dem Übermut der Benutzer stand. Nur einer so verankerten Brücke läßt sich trauen; denn frei schweben kann eine Brücke nicht.

Abgesang

Folgt mein Abgesang. Ich hoffe, mein Partner nimmt mein Lied, das seinem zu antworten versucht, so bereitwillig auf wie ich das seine. Auch die wissenschaftliche Religionspädagogik und die verfaßten Kirchen haben es nötig, kritisch aufeinander zu achten: letztere, daß sie nicht zu selbstsicheren Kirchentümern verkommen, in denen die biblische Botschaft für das Leben und das Leben selbst eingeengt werden bis vielleicht zum Ersticken, erstere, daß sie nicht abheben in eine allgemein religiöse Theorie und dabei schwärmerisch die Kirchen in deren realen Möglichkeiten überschätzen und überfordern oder sie schlicht altern.

Beide müssen dem anderen darum bisweilen mit kräftigen Tönen in den Ohren liegen, damit der jeweils andere bei seiner Sache bleibe oder sich neu auf sie besinne. Sollen sie sich ihre Liedlein also singen! Hauptsache, sie geben einander nicht auf! Denn das wäre verhängnisvoll für beide, vor allem aber für die jungen Menschen, um die es bei allem Bemühen um ein Kennenlernen und Erfahren von lebendigem Christentum doch geht.

Hinrich Buß

Kirche und Schule

Verpaßte Chancen für gelebte Religion?

In einem Gemeindebrief, dem von der erholsamen Insel Langeoog, entdeckte ich unlängst eine anekdotenhafte Notiz: »Ich habe mir überlegt«, schrieb da ein unbekannter Zeitgenosse, »ob ich Atheist werden sollte. Nach längerem Nachdenken habe ich mich dagegen entschieden. Die Atheisten haben keine Feiertage.«
Das ist eine überraschende Auskunft, dazu angetan zu schmunzeln, aber auch, sie genauer zu betrachten. Ich will das tun unter der Überschrift:

1. Selbstbestimmung und Religion oder die Wahl des Unwählbaren

Die Feiertage geben den Ausschlag bei der Frage, ob glauben oder nicht glauben. Das klingt nicht eben seriös. Aber was Religion ist, scheint m.E. intuitiv getroffen zu sein: Wer an Gott gebunden ist, hat Grund zum Feiern. Nicht von ungefähr sind die meisten Feiertage religiöser Herkunft. Da gibt es etwas zu singen und zu sagen, da ist Erquickendes für Leib und Seele, nicht nur für die einzelne Figur, sondern für die ganze Gesellschaft und die Natur dazu. Ein Aufatmen geht durch die Schöpfung und durch die erschöpfte Menschheit. So sind die Feiertage, die christlichen, gedacht, über das ganze Jahr verteilt, als Netzwerk der Besinnung und Erholung. Von vielen nicht mehr verstanden, von Jugendlichen z.B., die sich ihre individuellen freien und Fest-Tage schaffen, verstanden auch vom Staat nicht, der einen Feiertag, den Buß- und Bettag, gestrichen hat. Daraus ist eine Verfügungsmasse geworden. Doch wer weiß, vielleicht kommt mit der Neuentdeckung der Religion wieder eine Ahnung davon auf, daß Feiertage das Rückgrat der Arbeitsgesellschaft sind.
Unser potentieller Atheist aus dem Gemeindebrief entscheidet sich also für sie und erledigt damit den Atheismus. Souverän. Als moderner Mensch oder postmoderner, der so kann und auch anders. Der Atheismus hat alles Zwingende verloren, er drängt sich nicht auf. Da ist nichts mehr von Nietzsches pathetischem »Wir haben Gott getötet«. »›Wohin ist Gott?‹, rief er« (scil. der »tolle Mensch« aus der »Fröhlichen Wissenschaft«), ›ich will es euch sagen! Wir haben ihn getötet – ihr und ich. Wir alle sind seine Mörder... Was taten wir, als wir diese Erde von ihrer Sonne losketteten?‹«[1] Nein, so gewichtig ist die heutige Entscheidung

---

1 *F. Nietzsche*, Sämtliche Werke, G. Colli / M. Montinare (Hg.), Bd. 3, München 1980, 480f.

nicht gemeint. Das autonome Individuum wählt zwischen Atheismus und Glaube an Gott wie zwischen zwei Fernsehprogrammen. Was gesendet wird, bestimme ich.
Ein funktionales Denken hat sich auch in Sachen Religion breit gemacht: Was bringt sie mir? Was kann ich damit anfangen? Gibt es nicht vielleicht ein besseres Angebot? Im Supermarkt der Waren und Ideen ist auch Religion käuflich geworden. Dies führt uns die Werbung täglich vor Augen. Doch zumindestens in der Anekdote wird das Schiefe daran empfunden. Im Ernst kann man Gott nicht kaufen und seine Bestreitung nicht verkaufen. Gott kann man im Grunde auch nicht wählen, er ist es, der uns erwählt. Glauben hat mit Ergriffenwerden zu tun und nicht mit Greifen. Hier liegt der Grundwiderspruch unserer Gegenwart: Das autonom schaltende Individuum und das über allem waltende und Anspruch erhebende Göttliche sollen zusammengebracht werden. Wie soll das gehen?
In der Jugendstudie von Heiner Barz mit dem Titel »Postmoderne Religion« gibt ein Jugendlicher zu Protokoll: »Das (scil. mit der traditionellen Religion) hat irgendwie nicht geklappt ... also habe ich mir meine eigene Religion zusammengebaut«.[2] Ein anderer Jugendlicher sagt: »Ich glaube, daß ich mich von anerzogenen Traditionen erst freimachen muß, um zu mir selbst zu kommen«.[3] Hier ist die viel gesungene Melodie heutiger Religiosität intoniert: Ich baue mir meine eigene Kirche, und dies ereignet sich, indem ich zu mir selbst komme. Der Widerspruch löst sich auf, Religion ist Sache der Subjektivität oder gar nicht.
Ich war geneigt, dies als ausreichende und zutreffende Beschreibung der religiösen Lage der Nation zu nehmen, bis ich mit der Mitgliederbefragung der EKD von 1992 konfrontiert wurde. In einem Interview sagt die Mutter eines Konfirmanden: »Ich kriege jetzt noch eine Gänsehaut, wenn ich daran denke, was mein Sohn getan hat.«[4] Was hat er verbrochen? Er war vor der Konfirmation zum Abendmahl gegangen, einfach so, ohne ausdrückliche Zulassung. Das empfand sie als Sakrileg, es ging ihr unter die Haut. Hier hat sich einer dem Heiligen genähert, der dies nicht durfte. »Tritt nicht herzu ..., denn der Ort, darauf du stehst, ist heiliges Land«, diesen Satz an die Adresse Moses (Ex 3,5) hat die Frau, ohne ihn vermutlich zu kennen, intuitiv auf ihren Sohn bezogen. Dort wie hier: Gänsehaut.
Ich nenne ein weiteres Beispiel, das Sprechen des Segens. Es ist nicht der EKD-Umfrage entnommen, sondern einem Aufsatz Christoph Bizers mit dem Titel »Christentum und Schule«. Er schreibt: »Dem modern gebildeten Menschen laufen die Schauder archaischer Welten den Rücken hinauf und hinunter ... Unter dem Sprechen des Segens entsteht um

---

2 Band II, Opladen 1992, 249.
3 Ebd., 115.
4 Die Interviews liegen leider noch nicht schriftlich vor. Sie werden demnächst mit dem Gesamtergebnis der Befragung veröffentlicht; ich zitiere nach dem Gedächtnis aus einem Vortrag von R. Schloz.

die Gesegneten herum eine geordnete Sphäre, die die Unendlichkeit umgreift und ihnen einen Ort darin anweist.«[5] Was Christoph Bizer hier beschreibt, hat sich buchstäblich ereignet, buchstäblicher noch, als er womöglich selbst annimmt. Auf dem Pausenhof einer Berufsschule wurde ein Pastor ordiniert. Für die Metaller und Maler, die Tischler und Bäcker war er ausgebildet, nun sollte er auch in ihrer Mitte in seinen Beruf gesegnet werden. Es herrschte ein Gedränge und Gejohle, ein unbeschreibliches Chaos. Bis der Augenblick der Einsegnung mit Handauflegen kam und – o Wunder – plötzlich Stille eintrat. Mit Anspannung und Andacht verfolgten die dicht gedrängten Jugendlichen den ungewohnten religiösen Ritus auf dem Pausenhof. Hier war sie, die »geordnete Sphäre, die die Unendlichkeit umgreift«, nicht angeordnet, nicht abgesprochen, sondern sich wie ein Urphänomen einstellend. Wer will denn ausschließen, daß auch einem Metaller ein Schauder den Rücken hinunter läuft? Ein Gefühl für Heiliges bricht sich Bahn. Ein weiteres Indiz dafür: Die Kindertaufe erfährt eine Hochschätzung wie seit Jahrzehnten nicht mehr, und zwar nicht, was man leicht unterstellt, als feierlicher Rahmen für eine Familienfeier, sondern mit der vorrangigen Begründung, in Ost wie West: »Das Kind wird in die Gemeinschaft der Gläubigen aufgenommen«.[6] Wer getauft ist, ist heilig.
Woran man sehen kann: Sie stehen unvermittelt nebeneinander, die selbstgebastelte Religion des autonomen Individuums und der heilige Schauer, der dem Zeitgenossen über den Rücken läuft. Unsere Welt, voller Technik und überbordend von Angeboten, ist kompliziert. Wie sollte es da die religiöse nicht auch sein? Sie einlinig erklären zu wollen, führt in die Irre. Auf jeden Fall gilt, und damit komme ich zum zweiten Punkt:

2. Religion hat uns wieder eingeholt

Vor einigen Monaten bekam ich im Wartezimmer eines Zahnarztes »Vital« in die Hand, ein »Magazin für modernes Leben«, wie es sich nennt. Darin stand ein Artikel mit der Überschrift »Reise nach innen« (10/94). Sieben verschiedene Reisen wurden angeboten:

1. Gospels und Spirituals in der Abtei Sayn
2. Den Klosteralltag teilen
3. Seminare am Ende der Welt
4. Fastenkur und duftende Wälder
5. Insel in unberührter Landschaft
6. Duschen unterm Wasserfall
7. Meditatives Wandern

---

5 in: Neue Sammlung, 34 (1994) 689f.
6 EKD (Hg.), Fremde Heimat Kirche, Hannover 1993, 18 und 29.

Schließlich wurde hingewiesen auf die Möglichkeit: Arbeiten im Garten, Holzhacken, Beten oder einfach Schweigen.
Vielfältige Möglichkeiten, für jeden etwas. Darf man dies unter der Rubrik »Religion« verbuchen? Gemeinsam ist diesen Angeboten, daß ausgepowerte Zeitgenossen Kraft tanken können für Leib und Seele oder – genauer gesagt – die Energie, die in ihnen vermutet wird, mobilisieren können. »Vital« heißt die Zeitschrift und weist die Richtung. Die Energie kommt nicht von außen oder wird antrainiert wie im Fitnesstudio, sie steigt in ruhiger Umgebung aus den Tiefen des Menschen auf. Der Mensch hat Tiefe, hat innere Transzendenz, sie muß nicht von einer Gottheit in ihn hineingelegt werden, er selbst hat eine Unendlichkeit in sich. »Ich bin tief und weit und voll innerer Kraft«, lautet das Credo. Diesseitige Religion, die ich erleben kann, hautnah, in mir und an mir. Kult ist nicht nötig, Liturgie auch nicht, die vitale Frömmigkeit spielt sich ab in Zeitschriften, in Workshops, auf meditativen Wanderungen oder unter einer Dusche in der freien Natur oder gern auch im Kloster. Religion ist gestaltetes Leben, und das eigene Leben ist zugleich Inhalt der Religion. Eine Unterscheidung ist nicht angestrebt und nicht erwünscht. Der Zusammenfall aller Dinge ist das Ziel. »Alles heilt und hilft irgendwie, Hauptsache harmonisch, ganzheitlich und im Einklang mit dem Kosmos«, so der SPIEGEL in dem Artikel »Sehnsucht nach Sinn«, erschienen zum letzten Weihnachtsfest.[7]
Das ist ein Beispiel nur aus der Fülle der Angebote. Selbstverständlich gibt es daneben liturgisch durchgestaltete Formen, nicht in der Kirche, sondern in der Volkshochschule. Der Raum ist abgedunkelt, Kerzenlicht ist entzündet, Meditationsmusik erklingt, mit sanfter Stimme werden Anleitungen gesprochen, zum Schluß ein Energiekreis gebildet nach der Melodie »Herr, wir stehen Hand in Hand«.
Es gibt auch den dunklen Schatten solcher Volksbildung, Satanskulte auf dem Friedhof, spiritistische Sitzungen in Kellerräumen; unsere Weltanschauungsbeauftragten können davon viel erzählen.
Religion, die es eigentlich infolge der Säkularisierung nicht mehr geben sollte und die auch theologisch abserviert war von Karl Barth und anderen, hat sich gewissermaßen selbst wieder auf die Tagesordnung gesetzt und sich emanzipiert von beiden, der Moderne und der Kirche. Das Bild ist so bunt und diffus wie nur irgend denkbar.
Was darf man unter Religion hier verstehen? Ist das Gemeinte richtig erfaßt von Thomas Luckmanns Definition, der Religion versteht als »Grundfähigkeit, ja Notwendigkeit des Menschen, seine unmittelbare Situation zu transzendieren und umfassende Sinnwelten zu konstruieren«?[8] Mir scheint, die gegenwärtig im Schwange befindliche Religiosität ist weniger auf Sinnkonstruktionen aus als auf Erlebnisse, sie trans-

---

7 Nr. 52 (1994), 89.
8 zitiert nach *P.L. Berger*, Soziologische Betrachtungen über die Zukunft der Religion, in: *O. Schatz*, Hat die Religion Zukunft?, Graz/Wien/Köln 1972, 52.

zendiert wenig nach außen, sie geht viel mehr nach innen, sie konstruiert noch nicht, sie probiert erst einmal.
Inzwischen hat sich auch der Religionsunterricht des Phänomens angenommen und bekennt sich nun wieder voll und ganz zu seinem Namen. »Das Fach hat es mit Religion zu tun, mit Erfahrungen ganz eigener Art«, heißt es in der Denkschrift der EKD zum Religionsunterricht.[9] Man spürt den Versuch, in das wuchernde Chaos der Gefühle, Erlebnisse, Energien und der auch vorhandenen Gedanken Ordnung zu bringen, ohne die Lebendigkeit des Fragens zurückzudrängen. Um die »religiöse Suche« in einer säkularisierten Welt geht es.[10] Sie stellt sich genauer dar als die Frage nach Gott, von der Jugendliche wie Erwachsene nicht so leicht loskommen und die sich immer stärker in den Vordergrund spielt. Sie fächert sich auf in Teilfragen, auf die unsere technisierte und rationale Gesellschaft keine Antwort findet:

» – Was ist das Geheimnis des Anfangs von allem Sein?
– Was kommt nach dem Ende: Gibt es ein Weiterleben nach dem Tode?
– Warum ist das Leben zwischen Anfang und Ende voller Leiden?
– Was bedeutet dabei der Glaube an Gott? Existiert Gott, oder ist er nur eine Fiktion?
– Wie hilft hier die Kirche, die sich mit ihrer Theologie als gottkundig ausgibt?
– Wie steht es mit der Gerechtigkeit als ethischem Grundproblem?«[11]

Sie sind alle wieder da, die großen Themen von Religion und Theologie, doch sie begegnen uns nicht als Antworten, sondern als neu gestellte Fragen.
Solchermaßen mit Problembewußtsein beladen und nach Hilfe Ausschau haltend, setzte ich beim letzten Loccumer Aufenthalt meinen Fuß ins Religionspädagogische Institut. Ich suchte nach einem Buch, dessen Titel Hilfe versprach und das ich aus der Zeit meiner Tätigkeit im RPI unter dem Rektorat Christoph Bizers noch kannte, wenn auch nicht von ihm darauf aufmerksam gemacht. Der Titel lautet: »Wie lehren wir Religion?« Es stammt aus der Feder Richard Kabischs und ziert ein Lehrbuch, das in vielen Auflagen in der ersten Hälfte dieses Jahrhunderts erschienen ist, einen Klassiker unter den Religionsbüchern, zuletzt ergänzt und herausgebracht von Hermann Tögel.[12] In der Bibliothek des RPI erfuhr ich, daß das Buch »ausgelagert« sei, nicht mehr benutzt also, überholt. Es wurde dennoch freundlicherweise aus dem Auslagerungsraum geholt und mir ausgehändigt. »Wie lehren wir Religion?« – ist das wieder unser Thema? Womöglich stehen wir noch vor dieser Frage, müssen also formulieren: »Wie entdecken wir Religion, und was ist sie?«

---

9   Identität und Verständigung, Gütersloh 1994, 30 (Im Original hervorgehoben).
10 Ebd., 18.
11 Ebd.
12 *R. Kabisch / H. Tögel*, Wie lehren wir Religion?, Göttingen [7]1931.

Für Kabisch ist unstrittig, daß Religion vorhanden ist, es gibt sogar ein »Recht des Kindes auf Religion«.[13] Der Unterricht »will objektive Religion vermitteln, um subjektive zu erzeugen«,[14] so seine Zielangabe. Wir sind womöglich dabei, die subjektive erst einmal zu erfassen, ohne zu wissen, ob sie zur objektiven in ein Verhältnis gesetzt werden soll. »Der Unterricht schaffe Erlebnisse«[15], fordert Kabisch ohne Umschweife, um dann ebenso bestimmt die Aussage daneben zu setzen: »Der eigentliche Stoff, an dem die Religion gewonnen wird, ist und bleibt geschichtlich.«[16] Das ist die Spannung zwischen Erlebnis und Paukerei, zwischen gegenwärtiger Erfahrbarkeit und historischer Vermittlung, zwischen Taizé und Religion in der 8. Stunde. Überraschend aktuell das Buch, wenn auch ein Unterschied sofort ins Auge springt: Religion ist heute diffuser und darum der Gegenstand des Faches schwer identifizierbar.

3. Religion ohne Kirche? – Kirche ohne Religion?

Religion ist im Aufwind, zweifellos, wenn auch in bunter Vielfalt. Die Kirche ist im Gegenwind, so die Beobachtung. Geht also der Aufbruch an der Kirche vorbei? Vieles spricht dafür. Stellvertretend sei Wilhelm Gräb zitiert: »Die Kirchen ... profitieren nicht automatisch von der neuen Religiosität. Im Gegenteil.«[17] Die von religiösen Fragen Bewegten setzen selten den Fuß über die Schwelle einer Kirche. Nach Taizé und zu den Kirchentagen aber fahren sie, sogar in Scharen, wie im Juni '95 in Hamburg wieder geschehen. »Unter dem Dach einer oft als steril verspotteten ›Amtskirche‹ zeigten 120.000 ›Laienchristen‹, was an spiritueller Kraft, politischem Ethos und fröhlichem Gemeinschaftsgeist noch immer in ihnen steckt.«[18] Wenn sie zurückkehren, wird um so stärker der Gegensatz zum kirchlichen Alltag empfunden, als lahm, langweilig, öde wird er charakterisiert. Man kann die Klagen nicht von der Hand weisen. Viele Gemeinden sind eine geschlossene Gesellschaft, alt dazu, man kommt schwer hinein und möchte es auch gar nicht. Von der Kanzel fallen oft gebrauchte Formeln, man spürt ihnen nicht an, daß sie auf heute gestellte Fragen antworten. Als Organisation funktioniert die Kirche noch am besten, aber dadurch gewinnt sie den Charme eines Finanzamtes. »Wer nur den lieben Gott verwaltet ...« war als Schlagzeile in der ZEIT zu lesen. Kann man die Kirche also abhaken, ist sie unfähig neue Impulse aufzunehmen?

---

13 Ebd., 1 (im Original hervorgehoben).
14 Ebd., 99 (im Original hevorgehoben).
15 Ebd., 113.
16 Ebd., 114.
17 *W. Gräb*, Aspekte neuer Religiosität und evangelischer Religionsunterricht, in: Arbeitshilfe für den ev. Religionsunterricht an Gymnasien Nr. 54, Hannover 1994, 227.
18 *J. Grundlach*, Göttinger Tageblatt vom 19.6.1995.

In der Evangelischen Zeitung zeichnet Friedhelm Voges, Superintendent in Einbeck, ein anderes Bild. Er übergeht die Schwierigkeiten nicht. »Aber daneben«, so schreibt er, »steht in vielen Gemeinden das bunte, blühende Leben.«[19] Mir scheint, der Mann hat recht. Wir sollten unser Licht nicht unter den Scheffel stellen. Jugendliche übernehmen die Redaktion eines Gemeindebriefes. Frauen bauen ein basisnahes Entwicklungsprojekt in Indien auf und stecken Geld und Phantasie hinein, Kirchenvorsteher kümmern sich um Kinder und Konfirmanden, um Gebäude und Gottesdienste, dies alles ohne viele Worte und mit großer Selbstverständlichkeit. In vielen Gemeinden geschieht Erstaunliches, Woche für Woche, jahraus, jahrein. Es ist ein Unterschied, ob man Einmaliges auf die Beine stellt oder langfristig und regelmäßig arbeitet. Wenn es darum geht, möglichst tiefe Erlebnisse zu haben, und dies auch noch in schneller Folge, dann ist zu fragen, ob dies ein überzeugendes Zeichen von Frömmigkeit ist. Wenn es darum geht, die Tiefen des eigenen Inneren auszuloten und dabei nur auf sich selbst, auf das immer authentischere Ich zu stoßen, auf den »innenverbundenen Mann«, oder die entsprechende Frau, dann ist zu bedenken, ob wir nicht dringend den Satz des Paulus als Korrektur benötigen: »Ich lebe, doch nun nicht, sondern Christus lebt in mir« (Gal 2,20).

Wenn es schließlich so auseinanderläuft, daß nur die glaubende und erlebende Subjektivität zählt und alles Objektive, Gegenständliche an der Religion wie Liturgie oder Unterricht, Verwaltung oder Diakonie »eine Ansammlung toter Buchstaben oder steinerner und hölzerner Artefacte« ist, wie Gräb resümiert,[20] dann gibt es nur noch highlights und keinen Alltag mehr, nur noch Kirchentage und keine Kirche. Das Besondere aber muß in den Alltag einmünden, sonst gibt es keinen Bestand. Die subjektive Religiosität kann nicht ohne objektive Religion existieren, und die Kirche hat nun einmal die ungeliebte Gestalt der Institution. Sie muß erneuert werden, dringend, aber sie kann sich nicht selbst entleiben. Kirche wird Ereignis in Gestalt von Individuen und Institutionen.

Die Mitglieder sehen dies offenbar nüchtern. Sie lieben die Institutionen nicht. Aber auf die Frage: »Was gehört unbedingt zum Evangelisch-Sein?« antworten rund 80% »Daß man Mitglied der Evangelischen Kirche ist«, so das Ergebnis der EKD-Befragung von 1992.[21] Mit anderen Worten: Christsein und In-der-Kirche-Sein sind weitgehend identisch. Auch hier muß man sich daran gewöhnen, daß die religiöse Landschaft keinesfalls einfältig und eindimensional ist. Neben dem sich autonom gebärdenden Individuum steht die in der Tradition verankerte Person, die selbstverständlich Mitglied der Kirche ist. Oft genug handelt es sich um ein und dieselbe Person. Kirche ist eine Einrichtung in der Reserve. Mit den Worten eines KFZ-Schlossers, 30 Jahre alt: »Ich trete nicht aus, damit ich zu einem hingehen kann, der wirklich zuhört, wenn mir der

---

19 EZ vom 9. Oktober 1994, Göttinger Ausgabe.
20 *Gräb*, Aspekte, 228.
21 Fremde Heimat Kirche, 20.

Sinn danach steht«. Kann man also Entwarnung geben und alles beim Alten lassen? Keineswegs.
Deutlich wird vielmehr: Die entscheidende Frage stellt sich gar nicht beim Verhältnis von Individuum und Institution, so sehr es schmerzt, wenn Mitglieder die Kirche verlassen. Die Entscheidung fällt auch nicht bei der Anzahl kirchlicher Aktivitäten, so schön es ist, wenn eine Gemeinde sich lebendig darstellt, so wichtig es ist, soziale Plausibilität zu erreichen. Entscheidend ist die Frage nach der religiösen Substanz. In einem Artikel in der FAZ mit der Überschrift »Nachhut oder Vorhut« kommt Renate Köcher zu dem Ergebnis: »Während die Kirchen die Säkularisierung der Gesellschaft beklagen, unterliegen sie selbst einem Säkularisierungsprozeß, der ihren Kern bis zur Unkenntlichkeit überlagert. Die Kirchen sind in vielen Funktionen präsent, der Glaube wird unsichtbar.«[22]
Wenn dies zutrifft – und ich sehe keinen Grund, dies Ergebnis in Zweifel zu ziehen –, dann schrillt die Alarmglocke. Dann nützt es wenig, sich auf den Zug der neuen Religiosität als Trittbrettfahrer aufzuschwingen; es gilt vielmehr, eigene religiöse Substanz (wieder) zu gewinnen. Damit komme ich zu meinem letzten Punkt:

4. Genutzte Chancen gelebter christlicher Religion

4.1 Autonomie des einzelnen und Anspruch der Religion

In einer Gemeinde wurden »Schnuppergottesdienste« angeboten. Wer als Pastor viel probiert und wenig Erfolg hat, greift nach manchem Strohhalm. Zudem hat sich in Glaubensdingen längst eine Schnuppermentalität breit gemacht. Man testet heute dieses und morgen jenes, es wäre auch merkwürdig, wenn man zwei Tage lang dieselbe Religion hätte. Preisermäßigungen führen freilich zum Ausverkauf, für ein so empfindliches Ding wie den Glauben ruinös. Man soll die Finger davon lassen.
Hoch zu achten ist demgegenüber das Recht des einzelnen auf Selbstbestimmung, auch in Glaubensdingen. Selbst wenn wir dahinter zurück wollten, wir könnten es nicht. Autonomie ist ein hohes Gut, durch Jahrhunderte erstritten, längst noch nicht von allen erreicht. In Sachen Religion stößt sie allerdings auf eine unüberwindliche Grenze. Auf die Frage »Welche Religion übt auf Sie die größte Faszination aus?« antwortete Gabriele Wohmann, Schriftstellerin: »Die christliche – aber Faszination ist hier nicht das Primäre; Religion hat mit Notwendigkeit zu tun.«[23] Da ist er, der bestimmte Ton, der aller Religion eigen und angemessen ist und ohne den man sie nicht verstehen kann. Religion wendet Not und ist somit unabweisbar, sie ist unbedingt und somit von höchstem Anspruch.

---

22 FAZ vom 5. 4. 1995.
23 Das Sonntagsblatt vom 24.2.1995.

Was wird dann aus der Autonomie? Auf die Frage: »Wenn Sie Ihren Glauben noch einmal frei wählen könnten, wofür würden Sie sich entscheiden und warum?« antwortet Gabriele Wohmann: »Ich habe ja frei gewählt – und kein anderes Verlangen«.[24] Obwohl also die Notwendigkeit das Primäre ist und biographisch gesehen die Fremdbestimmung durch die Eltern am Anfang steht, begreift sie dies nicht als im Widerspruch zur eigenen Freiheit stehend. Die Religion, die christliche, hat sie gepackt und zugleich frei gemacht, so daß sie wählen konnte und sich nichts anderes wünscht. Im Bild gesprochen: Die Religion muß durch das Nadelöhr der Autonomie. Doch vorher muß die Autonomie durch das Nadelöhr der Religion. Um diesen Widerspruch zwischen Wahl und Erwählung kommt in Glaubensdingen kein Mensch vorbei, ob er nun tatsächlich besteht oder sich als scheinbar erweist. Freiheit ist hier Einsicht, ja Eintritt in die freimachende Notwendigkeit.

4.2 Gewißheit des Glaubens in ungewisser Zeit

In einem Gespräch sagten mir Jugendliche: »Seien Sie nicht so sicher, wir wollen von Ihnen ehrliche und eigene Antworten, keine von der kirchlichen Stange.« Mir ist erst später deutlich geworden, warum sie so redeten. Sie selbst müssen täglich aus der Fülle der Angebote auswählen, dies ist nicht nur schön, sondern auch eine Quelle von Unsicherheit und Enttäuschungen. Es könnte sein, daß sie auf das zweitbeste Angebot gesetzt haben oder gar auf das falsche. Hannah Arendt spricht von der »Tyrannei der Möglichkeiten«. Mit der Fülle des möglichen Wissens ist die Ungewißheit gewachsen: Was ist gut für mich? Wer bin ich? Worauf kann ich mich verlassen? Nicht von ungefähr wird das Wort »festmachen« oft gebraucht. Man möchte sich schon gern irgendwo andocken können, festzurren, sicher machen. Übrigens geben alle diese Verben wieder, was »konfirmieren« meint. Sie möchten sich gern konfirmieren lassen. Aber von der Person, die dies tut, wird erwartet, daß sie sich selbst verunsichern läßt, sich den Fragen stellt und in eine Situation ohne Antworten begibt und so aushält, daß alles unklar und ungewiß ist.
Die Jugendlichen, die solchermaßen Unsicherheit einforderten, fügten ihrem ersten Wunsch einen zweiten hinzu: »Bitte, seien Sie ganz sicher.« Und warum das nun in Gottes Namen? »Wir möchten Ihnen Ihre Antwort glauben können, wenn Sie vom Weiterleben nach dem Tod reden oder von der Liebe oder davon, ob das Leben einen Sinn hat.« Sie möchten einem anderen also seine Sicherheit glauben können, um so womöglich selbst Gewißheit zu erlangen. Hier sind wir nun wirklich bei dem, was Glauben ausmacht, mit den Worten Luthers: »certissima veritas«, die gewisseste Wahrheit. Wenn ich glaube, gibt es kein Fünklein Zweifel mehr, dann bin ich von Gewißheit durchdrungen, dann kann ich mit Luther singen und sagen: »Und ob die Welt voll Teufel wär und

---

24 Ebd.

wollt uns gar verschlingen, so fürchten wir uns nicht so sehr, es soll uns doch gelingen«. Dann stehe ich unerschütterlich auf dem festen Fundament des Glaubens. Kann uns dies helfen? Der Wunsch ist stark, Gewißheit zu erlangen in den tausend Unwägbarkeiten, einen festen Stand zu haben in dem Brei der Bedrohungen. Aber bitte, es muß der Weg gegangen werden von der Ungewißheit zur Gewißheit und zurück, von der Selbstbestimmung zum religiösen Ergriffensein und zurück. Kann dies gelingen? Es ist die religiöse Frage unserer Zeit, es ist die versteckte oder offen an die Kirche gerichtete Frage, ob sie die Kraft hat, diesen ungewiß–gewissen Weg zu gehen. Das ist die vertane oder genutzte Chance des Glaubens.

4.3 Vom Segen christlicher Religion in segensbedürftiger Zeit

Ich erlaube mir, zum Schluß auf den bereits zitierten Bizer–Aufsatz zurückzukommen. Er handelt, wie gehört, vom Segen christlicher Religion. Bizer versteht den Segen – wenn ich ihn denn verstanden habe – als vorzügliches Exemplum lebensdienlichen Christentums, in der Schule und gewiß an jedem anderen Ort. Wo der Segen nach dem Wunsch und Willen Christoph Bizers wirken soll, ist der Erfolg freilich längst am Werke. Genauer: die unentwegte Bemühung um ihn. Er wird beschworen, »viel Erfolg« wird allenthalben an den Hals gewünscht, als säkulare Ausgabe des religiösen Segens. Natürlich möchte jeder Schüler eine Höchstzahl von Punkten erreichen, in möglichst jedem Kurs. Selbstverständlich möchte jede Schülerin einen Platz an der Sonne finden in dem wolkenverhangenen Arbeitsmarkt. Erfolg ist das Ergebnis des individuellen Zugriffs, gekonnt und selbstbewußt. Was aber, wenn die so gebrauchte Autonomie nicht mehr flankiert wird vom Gemeinschaftsgeist, wenn sie zum alleinigen und imperialen Zugriff wird? Was, wenn unsere Könnerschaft nicht mehr könnerhaft ist? Je mehr wir zupacken, desto weniger fassen wir. Je mehr wir verfügen, desto größer wird der Berg des Unverfügbaren. Je erfolgreicher wir sind, desto bedürftiger werden wir des Segens.
Segen umfaßt Tun und Lassen, Arbeiten und Wachsen, Erleben und Erleiden, Aktion und Passion. Er wirkt im Verfügen und läßt Raum für das Unverfügbare. Er läßt offen, ob der Erfolg ein Segen ist. Es wird sich erweisen. Gott wird es erweisen.
So bleibt der Ausgang aller Dinge offen, und das Leben erhält gleichzeitig Gewißheit. Segen ist eine grundlegende Kategorie aller Zivilisation, Grundlage der Kultur. Er ist Inbegriff der lebensdienlichen Religion und zugleich Kurzform des Evangeliums. Daß auf der Schule Segen liegen kann und mag, ich danke Christoph Bizer für diesen Hinweis.

Ingo Baldermann

Braucht eine moderne Schule Religionsunterricht?[1]

Zwar spreche ich nicht für einen Verband, aber doch für einen Arbeitskreis von Kolleginnen und Kollegen von Brennpunkten religions- und gemeindepädagogischer Arbeit in den neuen und den alten Bundesländern, die versucht haben, aus den anfänglich harten Kontroversen um den Religionsunterricht zu einem Konsens zu finden. Die Basis für diesen Konsens war eine Zusammenarbeit, die uns schon über die Mauer hinweg verband. Ich selbst bin seit einem Menschenalter in der Lehrerbildung tätig, an der schwierigen Nahtstelle von Theorie und Praxis, habe also direkt mit Kindern, Unterricht und Schule zu tun, bin seit langem Mitglied der GEW und der SPD und bin schließlich in den Zeiten der Mauer so oft in der DDR gewesen, daß ich auch die neuen Varianten der deutsch–deutschen Diskussionen mit Leidenschaft verfolge, besonders die heute hier verhandelte, die meine Arbeit unmittelbar betrifft. Ich beschränke mich auf Aspekte, die nach meinem Eindruck in der bisherigen Diskussion so noch nicht nachdrücklich genug zu Wort gekommen sind.

1. Wer heute verantwortlich Kinder und Jugendliche unterrichtet, wird zuerst danach fragen, was für diese Generation notwendig ist und wie dieses Notwendige zu leisten ist. Das ist die entscheidende Frage bei allen Innovationen. Schulen und Hochschulen sind immer wieder in der Gefahr, in guter Absicht viel Überflüssiges zu tun.

2. Was notwendig ist, kann nicht allein als Wissensstoff definiert werden, auch nicht als Fertigkeit. Die Erfahrungen mit einer völlig veränderten Kindheit und Jugend fordern andere, weitergehende Antworten. Wie noch keine zuvor ist die Generation heutiger Schülerinnen und Schüler belastet durch die objektiv wachsende Gefahr einer Zerstörung des gesamten Lebensraumes Erde.

Ich habe als Kind Krieg und Zerstörung, Hunger und Flucht erlebt, aber danach wuchsen wir, meine Generation, in eine Welt hinein, deren Horizonte sich täglich weiteten und aufhellten. Heutige Kinder und Jugendliche wachsen in eine Welt hinein, deren Horizont sich durch die ökologische und soziale Krise täglich verengt und verdüstert.

---

1 Mündliches Votum zum Hearing des Bildungsausschusses im Potsdamer Landtag am 19.10.1995.

Wer heute mit Kindern zu tun hat, kann die große Depression, die da über ihnen heraufzieht, geradezu mit Händen greifen. In ganz normalen Grundschulklassen sind immer mehr Kinder, die hungrig zur Schule kommen, manche buchstäblich mit knurrendem Magen, viele mit großem Hunger nach menschlicher Nähe und Geborgenheit. Übersättigt sind sie nur mit einem: den Produkten der Elektronik, deren Bilder einer kaputtgehenden, von Gewalt überschwemmten Welt sie in ihre noch ungeschützten Seelen aufnehmen und dafür mit Ängsten bezahlen, für die sie keine Sprache mehr haben.

Wie haben wir eigentlich noch die Stirn, selbst mitschuldig an der Zerstörung ihrer Welt, sie nach dem zu erziehen, was wir für brauchbar und erwünscht halten? Uns haben Kinder im Unterricht gefragt: Haben wir denn überhaupt noch eine Chance, erwachsen zu werden? Wer den Beruf des Lehrers ernstnimmt, kann das nur noch in einer völligen Umkehrung der Frage nach dem Notwendigen tun: Was ist für diese Kinder wirklich notwendig, was brauchen sie, um leben zu können? Wo dies nicht bedacht wird, ist unser Unterricht nur noch zynisch.

3. Nun kann die Antwort nicht einfach heißen: Notwendig ist der christliche Glaube; denn es gibt Erscheinungsformen des christlichen Glaubens, die die Depression noch verschärfen, auch solche, deren Zynismus kaum noch erträglich ist. Was für diese Generation schlechthin lebensnotwendig ist, läßt sich trotzdem eindeutig benennen: ein Gegengewicht gegen die drohende Depression, eine glaubwürdige Hoffnung, die weder blind macht noch lähmt, sondern widerstandsfähig und bereit, das Notwendige zu tun.

4. Auch angesichts einer sich deutlich abzeichnenden kirchlichen Minderheitssituation können wir hier nicht sagen: Das ist die Sache der religiösen Gruppen, nicht der Schule. Wenn die Schule ein Ort der Menschlichkeit sein soll, darf hier kein Vakuum entstehen, das dann von Sektierern aller Art von außen aufgefüllt wird, und zwar mit ganz anderen Inhalten als einer belebenden, widerstandsfähig machenden Hoffnung und mit autoritären Strukturen, die eigenständige kritische Wahrnehmung verhindern.

Die Schule darf nicht zum Anpassungsinstrument der Gesellschaft degenerieren; sie hätte ihr Herzstück verloren, wäre sie nicht zuallererst Anwalt dieser kommenden Generation. Sie muß dies auch gegen den massiven Druck der immer lautstärker agierenden Interessenverbände durchhalten können.

Die institutionellen Rahmenbedingungen von LER (des Pflichtfaches Lebensgestaltung, Ethik, Religionskunde) aber sind nicht in der Lage, dies zulänglich zu sichern; die dort als maßgeblich gesetzten Werte und Normen unterliegen dem Anpassungsdruck der jeweils regierenden Generation, ein den »Grundsätzen der Religionsgemeinschaften« (GG 7,3) verpflichteter, als ordentliches Lehrfach in die Schule integrierter ökumenischer Religionsunterricht dagegen nicht. Ich will das begründen.

5. Alle christlichen Kirchen sind heute gebunden an:
a) die aus dem ökumenischen Gespräch erwachsenen großen Menschheitsthemen des »konziliaren Prozesses«: die Fragen nach Gerechtigkeit, Frieden und Bewahrung der Schöpfung und
b) die selbstkritische Rückfrage nach den ursprünglichen Intentionen der biblischen Überlieferung.
An diesen beiden Punkten geht es nicht um protestantische Sondermeinungen, sondern um gemeinsame Erfahrungen aus einem nicht mehr umkehrbaren Lernprozeß im ökumenischen Gespräch. Der erste Punkt verpflichtet die Kirchen auf die Lebensfragen der kommenden Generation, der andere zu einem nicht mehr autoritären, sondern emanzipatorischen, auf Selbständigkeit und Mündigkeit zielenden Umgang mit der biblischen Überlieferung, der ihre befreienden Impulse so zur Wirkung kommen läßt, wie es den Erfahrungen der Basisgemeinden in aller Welt entspricht.
Die ihnen daraus zugewachsene neue gesellschaftliche Rolle haben die Kirchen in jüngster Zeit durchaus überzeugend wahrzunehmen gewußt, so etwa in der Atomwaffendiskussion, in ihren Stellungnahmen zur wachsenden Armut und besonders eindrücklich in den »ökumenischen Versammlungen« in den letzten Jahren der DDR, in denen die bis dahin nur intern verhandelten kritischen Fragen auf einmal in brisanter Weise Öffentlichkeit gewannen. Es ist unredlich und kontraproduktiv, in der öffentlichen Diskussion um Schule und Religionsunterricht die Kirchen auf längst überwundene Rollenklischees festzulegen.
Nach unserer Einschätzung kann ein Pflichtfach LER den Freiraum nicht sichern, der für die Bewußtseinsbildung an derart kritischen Themen notwendig ist. Aus meiner Erfahrung weiß ich aber, daß ein an die »Grundsätze« der Kirchen (GG 7,3) gebundener und von den Kirchen auch institutionell geschützter, von der Schule als ordentliches Lehrfach integrierter Religionsunterricht gerade durch den damit gesicherten Freiraum pädagogisch attraktiv wird.

6. Wie läßt sich Hoffnung lernen, und zwar so, daß sie nicht an den täglichen Erfahrungen der Zerstörung zuschanden wird? Jedenfalls nicht durch Vermittlung von dogmatischen Sätzen, aber auch nicht durch Orientierungswissen. Die Zerstörungen reichen tief ins Emotionale, so muß auch das Erlernen der Hoffnung emotional tief genug verankert sein. Hoffnung läßt sich nicht nach der (von Paolo Freire so genannten) »Container-Methode« als Wissen vermitteln, sondern nur Schritt für Schritt, auf elementaren Erfahrungen aufbauend, lernen.
Ich habe lange gesucht, bis ich den Ansatz dazu fand. Das Grundmodell ist ganz einfach: Die Worte, die mir Sprache geben, wenn es hart auf hart geht, reden genauso unmittelbar auch zu Kindern. »Ich habe mich müde geschrien«, »ich bin ein zerbrochenes Gefäß«, doch »ich werde nicht sterben, sondern leben«, »Deine Hand hält mich fest«, »Du bist bei mir«. Das alles sind Bibelworte, genauer: Worte aus Klagepsalmen, ge-

ronnen aus den Erfahrungen vieler und aufgeschrieben, damit viele mit ihrer Hilfe in ihrer Sprachlosigkeit wieder Sprache finden.
In solchen Sätzen haben sich zwischenmenschliche und theologische Erfahrungen untrennbar miteinander verbunden. Kinder und Jugendliche entdecken sich selbst in diesen Worten; sie finden in ihnen eine Sprache für Erfahrungen, die sonst sprachlos blieben, für Ängste, die sonst ohne Hoffnung blieben.
Wir haben daran begriffen: Dies sind die elementaren Anfänge beim Lernen von Hoffnung, und wer sie nicht von solchen Anfängen her lernt, lernt sie überhaupt nicht. Eine solche Elementarisierung ist für alle Altersstufen notwendig; für den Primarstufenunterricht aber ist sie die Basis schlechthin. Deshalb ist hier ein Pflichtfach LER ohne Alternativen didaktisch besonders problematisch.

7. Wenn diese Generation Hoffnung lernen soll, müssen wir für sie die Grunderfahrungen erschließen, in denen Hoffnung überhaupt erst wurzeln kann. Ob wir sie als »religiös« bezeichnen, ist dabei zweitrangig. Jedenfalls aber läßt sich dies nicht vermitteln als Information über Religion(en), auch nicht als Information über Hoffnungs- und Lebensentwürfe, über Werte und Normen, sondern es ist nur zu haben auf dem Weg über Erfahrungen, wie sie durch solche Worte erinnert und geöffnet und durch entsprechende Erzählungen weiter ausdifferenziert werden.
Das erfordert einen behutsamen, nicht überredenden, sondern für eigene Wahrnehmung sensibilisierenden Unterricht, der den Kindern und Jugendlichen die Chance bietet, selbst zu entdecken und zu erfahren. Das eigene Wahrnehmen ist für das Lernen von Hoffnung unabdingbar, und deshalb ist auch die im Grundkonzept von LER vorgesehene Einbeziehung »engagierter Vertreter« keine Lösung, sondern pädagogisch höchst problematisch: Der Umgang mit Kindern verlangt von den Lehrenden ja doch ein ständiges Zurücknehmen ihrer Überlegenheit, den Verzicht auf jede Indoktrination; eben darin liegt die didaktische Schwäche im Konzept der sog. Differenzierungsphase im LER-Grundkonzept.

8. Ich sehe weit und breit keine sprachlich wie didaktisch ähnlich qualifizierte Sammlung von Hoffnungserfahrungen wie in der biblischen Überlieferung. In ihr bleibt die Frage nach Gerechtigkeit ständig präsent, Menschlichkeit wird eingeklagt und Befreiung eingeübt. Nirgends wird dafür blinder Glaube gefordert, sondern nur die Bereitschaft, sich auf diesen Dialog wirklich einzulassen; und da die Frage der Hoffnung erst im Angesicht der Verzweiflung wahrhaftig gestellt wird, heißt das: sich auf die Gottesfrage einzulassen.
Deshalb bleibe ich bei meinem unbeirrten Plädoyer für einen Unterricht, der es nicht bei Informationen über die Bibel oder über den Glauben und über die Religionen beläßt, sondern sich auf diese Erfahrungen einläßt. Gerade an der uns durch diese Generation so dringlich gestellten Frage der Hoffnung erweist die jüdisch-christliche Überlieferung der Bibel ihre besondere Stärke. Sie ist für die heutigen Kinder und Jugendlichen

keineswegs stumm und unzugänglich, sondern überraschend nahe und unerhört beredt. Wir haben immer wieder die Erfahrung gemacht, daß wir gerade in konfessionell und religiös ganz unterschiedlich zusammengesetzten Grundschulklassen mit Worten der Psalmen und der Propheten und mit biblischen Erzählungen, selbst mit Worten der Bergpredigt viel näher an unbewältigte Erfahrungen der Kinder herankommen und intensiver mit ihnen daran arbeiten konnten als mit jedem problemorientierten Ansatz. Schon Kinder entdecken dort eine Sprache für unbewältigte Ängste und Verletzungen und unausgesprochene Sehnsucht, zugleich aber auch die Sprache einer elementaren Lebensfreude, die ihnen die Schönheit und die unermeßliche Tiefe des Lebens erschließt; und beides ist für sie schlechthin lebensnotwendig. Mit der Widerstandsfähigkeit, die sie dadurch gewinnen, beginnt das Erlernen der Hoffnung.

9. Deshalb kann nach unserem Urteil ein wirklich schüler- und zukunftsorientierter Unterricht heute auf eine elementare Erschließung der in der biblischen Sprache liegenden Hoffnungspotentiale gar nicht verzichten. Ein nur an religiösen Traditionen und deren kulturellem Erbe orientierter Unterricht kann die hier notwendige Alphabetisierung nicht leisten.

10. So heißt unser Fazit: Die Frage ist nicht, ob »Religionsunterricht« noch zeitgemäß ist, sondern ob diese Generation ohne eine Alphabetisierung in der biblischen Hoffnung überhaupt noch sinnvoll unterrichtet werden kann. Es geht dabei nicht um den Bestand der Kirche; sie wird immer noch genug Möglichkeiten finden, Kinder einzubeziehen in die Hoffnung, von der sie lebt. Doch uns ist bange um die Menschlichkeit einer Schule, in der diese Hoffnung keinen Raum mehr hat.

Hans-Günter Heimbrock

Evangelische Schulseelsorge auf dem Weg zu »gelebter Religion«

1. Differenzierungsprozesse der Moderne

Alles kirchliche Handeln ist nicht um seiner selbst willen da. Sein Sinn und Zweck ist Sorge für Menschen. Und zwar dadurch, daß es Orientierung gibt und Perspektiven humanen Lebens aus dem Evangelium, aus der Botschaft unbedingter Annahme durch Gott vermittelt. Die Gestalten solcher Hilfe sind historisch wandelbar, bedürfen immer neu der Anpassung an die Herausforderung der Zeit.
Vom allgemeinen neuzeitlichen Differenzierungsprozeß sind auch kirchliche Institutionen und Grundfunktionen kirchlichen Handelns, Verkündigen, Beraten und Unterrichten erfaßt worden. Gottesdienst, Liturgie und Predigt hatten ursprünglich zugleich lehrhaft katechetische und seelsorgerlich wegweisende Funktion. In der älteren Pastoraltheologie wurde der Pfarrer als Hirte seiner Gemeinde gesehen, alle pastoralen Berufsaktivitäten dienten der ›Cura animarum generalis‹, einschließlich der Predigt und des Unterrichts. Es hat sich jedoch allmählich die Unterscheidung von weitem und engem Verständnis von Seelsorge herausgebildet. Im 18. Jahrhundert spielte sich die Ausdifferenzierung einer speziellen Pastoraltheologie als Dienst des Pfarrers an einzelnen im Auftrag der Gemeinde ein. Moderne Seelsorge ist wiederum in internationaler wie organisatorischer Hinsicht durch vielfache Differenzierungen gekennzeichnet.[1] Ihre Grundaufgaben kann man mit der Trias von religiöser, ethischer und kommunikativer Dimension benennen, auch mit den Begriffen Vergewissern, Orientieren und Beraten. Die seit langem voranschreitende Entstrukturierung parochialer Gemeinden durch Wandel der Wohn-, Arbeits- und Lebensorganisation von Menschen hat mittlerweile zu einer intensiven Debatte über Kirchenreform und insbesondere Reform der pastoralen Berufsrolle und -kompetenz geführt.[2] Praktische Einlösung des dreifachen Seelsorgeauftrages ge-

---

1 Vgl. zur Grundorientierung *F. Wintzer* (Hg.), Seelsorge. Texte zum gewandelten Verständnis und zur Praxis der Seelsorge in der Neuzeit, München 1978, insbes. die Einführung; vgl. ferner *D. Stollberg*, Artikel »Seelsorge«, EKL^3 Bd. 4, Göttingen 1995, 173-188.
2 Vgl. exemplarisch die jüngsten Bemühungen innerhalb der *EKHN* (Hg.), Person und Institution. Volkskirche auf dem Weg in die Zukunft. Arbeitsergebnisse und Empfehlungen der Perspektivkommission der Evangelischen Kirche in Hessen und Nassau, Frankfurt a.M. 1992.

schieht heute zunehmend in ausdifferenzierten Spezialpfarrämtern sowie in vielfacher Überlappung mit Diensten der Diakonie.
Entsprechende Differenzierungen wären im Blick auf moderne Erziehung zu notieren. Von Beginn an haben die Reformatoren das Schulehalten nicht nur zur Rekrutierung des eigenen Berufsstandes, sondern als weltliche Einrichtung gefordert, ist der Protestantismus dafür eingetreten, daß es einer Differenzierung von privaten und öffentlichen Erziehungsinstitutionen bedürfe, weil familiäre Sozialisation die gesellschaftlich geforderte Erziehung nicht hinreichend gewährleiste. Und angesichts der Grenzen schulischer Sozialisation entstanden darüber hinaus mit der Zeit weitere Einrichtungen, z.B. die der Erziehungsberatung und Jugendarbeit, schließlich die der »pädagogischen Diakonie«. Dies nicht nur, weil man theologisch Erziehung auch als Sorge für den Menschen begriffen hat, als Möglichkeit, um lebensunwürdige Zustände (Armut z.B.) zu verändern, sondern auch aus der Einsicht in die Begrenztheit und Ergänzungsbedürftigkeit öffentlicher Erziehungsinstitutionen und Wohlfahrtsunternehmungen. Der sich in der Folge anschließenden Ausdifferenzierung unterschiedlicher Schultypen korrespondiert eine fortschreitende funktionale Differenzierung der Lehrerprofession.[3] Die Debatte über das Spektrum berufsnotwendiger pädagogischer Kompetenzen ist alt. Sie hat neuen Auftrieb bekommen, seitdem neben dem erzieherisch Sinnvollen wieder stärker danach gefragt wird, welche Kosten für die Gesellschaft mit einem ausgebauten Schulsystem verbunden sind.
Auch Religionsunterricht als eigenständiges Schulfach ist bekanntlich ein historisch gewachsenes, dazu noch ein spätes Produkt solcher Differenzierung, in unterschiedlichen Schulformen zu unterschiedlichen Zeiten und in unterschiedlicher Gestalt eingeführt. Seine Etablierung ist im ganzen auch zu begreifen als Einsicht in Funktionsverluste familiärer und gemeindlicher religiöser Sozialisation. Bekanntlich hielt Schleiermacher den RU – unter anderen sozialen und kulturellen Bedingungen – in der Volksschule noch für ganz entbehrlich. Stetig komplexer und komplizierter gewordene Wissensbestände und eine sprunghaft anwachsende Pluralität an Weltdeutungen (auch Theologien) erforderten nicht nur zusätzliche Erziehungsinstanzen, auch im Bereich von Religion, sondern zugleich konzentrierende Bemühungen um Orientierung über das Fundamentale. Daraus erwuchs in Pädagogik und Religionspädagogik in der jüngeren Geschichte intensives Bemühen um Elementarisierung komplexer Sinnzusammenhänge.
Heute, am Ende des 20. Jahrhunderts, wird freilich darüber nüchtern Bilanz gezogen, inwiefern die Praxis dieses schulischen Religionsunterrichts seinem originären Ziel insgesamt überhaupt noch entspricht. Und

---

3 Vgl. zur Herausbildung einer Lehrerprofessionalität insgesamt *F. Müller / H.-E. Tenorth*, Professionalisierung der Lehrertätigkeit, in: *D. Lenzen* (Hg.), Enzyklopädie Erziehungswissenschaft Bd. 5, Stuttgart 1984, 153ff.; zur Differenzierungsproblematik vgl. *R. Tippelt*, Bildung und sozialer Wandel, Weinheim 1990.

es wird kritisch zurückgefragt, ob die Einpassung von Religion in den institutionellen Zusammenhang von Schule eher funktional zweckmäßige Steigerung der Weitergabe und Verlebendigung des christlichen Glaubens bewirkt hat oder aber tendenziell eher als eine Reduktion ihrer genuinen Intention und Praxis zum bloßen lehrbaren Unterrichtsstoff und abfragbaren Schulwissen zu bewerten ist. »Alle Probleme der Fachdidaktik laufen immer wieder auf die gleiche Frage hinaus: wie kriegen wir heute gelebte Religion so ins Klassenzimmer hinein, daß Lehrer und Schüler an ihr arbeiten und lernen können?«[4]
Wenn kirchliche Arbeit auf die Wirklichkeit junger Menschen in gegenwärtiger Gesellschaft bezogen bleiben soll, dann bedarf es stets erneuter Wahrnehmungsanstrengungen hinsichtlich dessen, was diese Wirklichkeit charakterisiert. Das Lehrbuchwissen von gestern über Unterrichtsinhalte und pubertäre Identitätskonflikte reicht dazu heute allein nicht mehr aus. Schulehalten findet seit geraumer Zeit offensichtlich unter anderen Bedingungen statt, als ideale Konstrukte konventioneller Schultheorie dies vorgeben. Sie ist von Entstrukturierungsprozessen und gesellschaftlichen Verwerfungen betroffen. Schule kann sich heute nicht mehr allein darauf zurückziehen, möglichst guten Fach-Unterricht anzubieten. Drückt man es salopp aus, muß man sagen: Die pure Unterrichts-Schule als didaktisch kunstgerecht aufbereitete Weitergabe unbefragt gültiger Wissensbestände funktioniert schon lange nicht mehr. Schulalltag ist heute – ohne medienwirksame Übertreibung – von Funktionsverlusten, Krisen und Störungen solcher idealen Vorstellungen über Unterricht von einst geprägt. Es ist unverkennbar, daß diese Institution durch innere wie äußere Faktoren in eine Legitimationskrise gekommen ist. Die Gewaltproblematik bereits in Grundschulen, Sachbeschädigungen bis hin zum Vandalismus, die hohen Fehlzeiten von Schülerinnen und Schülern weiterführender Schulen usw. belegen solche Krisen sinnfällig, ebenso die steigende Zahl von Lehrerinnen und Lehrern, die nach längerer und durchaus engagierter Berufspraxis ihren Dienst quittieren, weil sie an der Sinnhaftigkeit ihres Tuns Zweifel bekommen haben. Dem entspricht die immer öfter gestellte Rückfrage von Schülern an die Glaubwürdigkeit einer Institution, die ihr Versprechen »wer immer strebend sich bemüht, den können wir erlösen« (nämlich durch einen Arbeitsplatz oder einen Studienplatz), bekanntermaßen nicht einhält.
Aus alledem resultiert die pädagogische und bildungspolitische Aufgabe, die Schule neu zu denken, wie dies etwa H. von Hentig im Anschluß an die Reformdebatte der 70er Jahre in eindrucksvoller Weise begonnen hat.[5] Dazu gehört auch die Revision überkommener Vorstellungen der Lehrerprofession im Blick auf Akzentverschiebungen der für die Schule notwendige Kompetenzen. Zunehmend bedeutsam neben der

---

[4] *Chr. Bizer*, Der Religionsunterricht heute – eine Standortbestimmung, in: EvErz 33 (1981) 99.
[5] *H. von Hentig*, Die Schule neu denken. Eine Übung in praktischer Vernunft, München/Wien 1983.

klassischen Instruktions- und Selektionsfunktion werden Beratungs- und Managementfunktionen. Allerdings ist zu vermerken, daß bisherige Bemühungen um Krisenbewältigung moderner Schule durch Etablierung funktionaler staatlicher Schulsozialarbeit (Schullaufbahnberatung, schulpsychologische Dienste, Beratungslehrer/innen etc.), von Schüler/innen und Lehrer/innen als nicht zureichend erachtet werden. Sperrt sich eine Gesellschaft anstehender Revisionsarbeit, reduziert sie gar die Anstrengungen aus finanziellen Gründen, so produziert sie einen horrenden Bedarf an Sozialarbeit für nachwachsende Generationen.
Theologische Wahrnehmungen von Schule im Kontext von Modernisierungsschüben ist zumindest mancherorts bereits seit längerem sensibilisiert für die negativen Folgekosten von Differenzierungs- und Rationalisierungsprozessen. Besonders drastisch in dieser Hinsicht hat der Chicagoer Religionspsychologe R.L. Moore die entsprechenden Verluste auf die lapidare Formel hin zugespitzt, die nachaufklärerische westliche Kultur habe im wesentlichen zwei defizitäre Strategien für individuelle und soziale Reifungsprozesse erprobt: »education and realpolitics«[6]. Um dem kirchlichen Auftrag unter gewandelten Umständen heute angemessen zu entsprechen, scheint gerade angesichts der krisenhaften Veränderungen von Schule mittlerweile die Zeit reif nicht nur für religionsdidaktische Reformen, sondern sogar für zusätzliche Angebote zur Gestaltung und Umgestaltung des Schulalltags über Unterrichtsprozesse hinaus, also gerade auch unter Einbeziehung der Beratungsarbeit. Und hier fühlen sich christliche Kirchen von ihrem poimenischen Auftrag her besonders angesprochen. So wird seit geraumer Zeit auf protestantischer wie katholischer Seite über Auftrag und Zuschnitt von Seelsorge im Religionsunterricht inzwischen weiter gedacht, nach schulnaher Jugendarbeit und Schulseelsorge als einem eigenständigen Handlungsfeld neben Religionsunterricht, Gottesdienst und gemeindlicher Seelsorge gefragt und kräftig an Modellen zu ihrer Verwirklichung gearbeitet.

2. Konzeptionelle Vorarbeiten moderner Schulseelsorge

Es gibt unterschiedliche Positionen zur Frage, wie Schule, Seelsorge und Religionsunterricht zusammenhängen und wie solcher Zusammenhang in der Praxis produktiv gestaltet werden kann. Von der Logik funktionaler Differenzierungen her verstehen heute viele Menschen in Schule und Kirche Unterricht gerade im Gegenüber zu Seelsorge. Immer noch geläufig ist die Gegenüberstellung und Abgrenzung: hier Belehrung, da Tröstung; hier will ein Er-Zieher junge Menschen irgendwohin bringen, dort geht es gerade nicht um solche Intentionen, sondern Seelsorge verfolgt stärker einen subjektorientierten Ansatz; hier Auseinandersetzungen mit Sachen im Dienste des anwachsenden Sachwissens

---

6 *R.L. Moore*, Ministry, Sacred Space, and Theological Education: The Legacy of Victor Turner, TE 20 (1984) 92.

und der Sachbildung, dort gerade kein Lernzwang, sondern Möglichkeit zur Selbstklärung und Affektbildung. Demgegenüber gibt es eine alte These, daß Erziehung der Kirche auch Seelsorge sei. »Bemüht sich die Kirche, ihre Glieder etwa in die Gedankenwelt des Paulus, in das Verständnis der johanneischen Schriften oder die Geschichte der Christenheit einzuführen und ihr *geistiges* Interesse daran zu wecken, so tut sie auch dies nicht um eines religiösen Bildungsideals willen, sondern als *Seelsorge*, die dem einzelnen helfen soll, seinen ganz persönlichen Weg zum Glauben zu finden...«[7]

2.1 Erziehung und Therapie

Den Weg zum Schüler zu finden ist erklärtes Ziel moderner Religionsdidaktik. Eine seelsorgerliche Dimension des RU ist auf der Ebene konzeptioneller Überlegungen insbesondere in den letzten 20 Jahren vor allem dort thematisiert worden, wo Kritik am RU der »Lern-Schule« und der »Unterrichtsschule« vorgebracht wurde, wo die Betonung nicht auf Stoff und Pensum, sondern auf Menschen, ihre Erfahrungen, Wünschen, Hoffnungen, Ängsten und Konflikte gelegt wurde. Mit historischem wie sachlichem Recht müßten allerdings als Wegbereiter ältere Ansätze bereits aus der Zeit der Reformpädagogik angeführt werden. Dort war der Zusammenhang von »Seelenführung« und »Seelenpflege« gleichermaßen als pädagogisches und theologisches Programm begriffen worden. Zum Beispiel könnte man O. Pfister, den Schweizer Pfarrer und Freund S. Freuds nennen, der gegenüber der damals jungen Psychoanalyse sehr aufgeschlossen war.[8] Er versuchte als einer der wenigen und damals ganz mutigen eine Synthese zwischen Reformpädagogik und dem psychotherapeutischen Weg. »Erziehung und Therapie treten nun in ein angebbares Verhältnis zueinander.«[9] Psychoanalyse verstand und gebrauchte er ähnlich wie A. Aichhorn und H. Zulliger. Sie wurde als neue Lernmethode begriffen, welche unbewußte Lernhemmungen deutlich macht. Aber von seinem Ansatz her war er nicht nur daran interessiert, Defekte und Störungen in einem auf Sachlernen orientierten Lernbetrieb zu reparieren, sondern er entwarf Schule als Stätte der Persönlichkeitsbildung. Es scheint mir im Grundansatz auch heute relevant, wenn er sagte: »Die Schule muß nach den Ergebnissen der neueren Pädagogik eine *Liebesbildungsanstalt* werden, sonst muß sie auch als Lehranstalt versagen.«[10] Abgesehen vom Pathos der Formulierung halte ich

---

7 *W. Uhsadel*, Ev. Erziehungs- und Unterrichtslehre, Heidelberg ¹1954, 36 (Hervorhebung im Original).
8 Vgl. *O. Pfister*, Psychoanalytische Seelsorge und experimentelle Moralpädagogik, in: PrM 13 (1909) 6-42; zu Pfisters Seelsorgearbeit insgesamt vgl. *E. Nase*, Oskar Pfisters analytische Seelsorge, (APrTh 3), Berlin 1993.
9 *S. Freud*, im Geleitwort zu *Pfister*, Die psychoanalytische Methode, Leipzig 1913, IV.
10 *Pfister*, Die alte und die neue Pädagogik, in: Schweizerische Pädagogische Zeitschrift 1923, 97ff., 162.

diese These für eine hochaktuelle Einsicht. Der Ansatz Pfisters stand aber grundsätzlich auf dem Boden der Liberalen Theologie, geriet daher trotz seines berechtigten Verweises auf seelsorgerliche Aufgaben ins Kreuzfeuer theologischer Kritik. Angemeldet wurden nicht nur z.T. dogmatische Bedenken, sondern verwiesen wurde auch – im Zeichen der Abgrenzung der Theologie von der Psychotherapie – auf die Gefahr der Diffusion unterschiedlicher Professionalitäten. Deshalb ist, historisch gesehen, in den nachfolgenden religionspädagogischen Ansätzen Seelsorge bedauerlicherweise lange Zeit verschwunden.

Sie wurde – von Ausnahmen abgesehen – erst wieder interessant im Zusammenhang moderner Rezeption der Psychologie und Psychotherapie und nach der Curriculumreform der Schule in den 70er Jahren.[11] Eine Option für Religionsunterricht mit Nähe zu seelsorgerlicher Aufgabenstellung hat D. Stoodt unter dem – mißverständlichen – Etikett »Therapeutischer RU« und dann unter der Formel »RU als Interaktion« entfaltet.[12] Der seelsorgerlich-befreiende Akzent dieses Ansatzes besteht in der Hilfe zur Personwerdung gegen den Druck der anderen. Aber Selbstwerdung soll nicht abstrakt betrieben werden, sondern sich an den spezifischen Problemen der Schülerinnen und Schüler orientieren. Diese Aufgabe steht im Verbund mit den anderen, speziell mit derjenigen der Einübung solidarischen Handelns. RU ist hier nicht Glaubensunterricht im Sinne rein materialer Bildung. Aber er bleibt auch auf Sachlernen bezogen, es wird keine Umfunktionierung in die reine Selbsterfahrungsgruppe empfohlen, weil das vom schulischen Kontext her auch gar nicht angemessen wäre.

2.2 Reifungsprozesse

Stoodts Anliegen sind u.a. aufgegriffen worden bei R. Riess, der »Seelsorge an Schülern«[13] stärker von poimenischer Seite aus entfaltet hat. Sie wird dort generell gefaßt als eine »durch das Evangelium motivierte Lebenshilfe an Menschen in Lebenskrisen«.[14] Wird solche Lebenshilfe situativ angemessen angeboten, kann sie sich auch in Schule und RU auswirken. Als Vision gilt dann: »Der Religionsunterricht wird im begrenzten Rahmen der Schule dazu beitragen, daß junge Menschen

---

11 Hinzuweisen ist allerdings auch auf die frühe Arbeit von *E. Jahn*, Religionsunterricht und Jugendseelsorge in psychologischer Sicht, Heidelberg 1955; vgl. ferner die frühen Hinweise bei *W. Neidhart*, Psychologie des Religionsunterrichts, Zürich/Stuttgart 1967, 91f.

12 Vgl. *D. Stoodt*, Die Praxis der Interaktion, in: *O. Betz / F. Kaspar* (Hg.), Die Gruppe als Weg, 1973; zur seelsorgerlichen Dimension von *Stoodts* Ansatz vgl. auch *H.-G. Heimbrock*, Überlegungen zum Verhältnis von Religionspädagogik und Diakonie, in: *E. Weber / W.L. Federlin* (Hg.), Unterwegs für die Volkskirche. Festschrift *D. Stoodt*, Frankfurt a.M. 1987, 231-246.

13 *R. Riess*, Zur Seelsorge an Schülern, in: *ders.* (Hg.), Perspektiven der Pastoralpsychologie, Göttingen 1974, 167ff.

14 Ebd., 186.

Evangelische Schulseelsorge auf dem Weg zu »gelebter Religion« 51

eine Möglichkeit mehr gewinnen, sich anzunehmen, wie sie sind, und zugleich zu ahnen, wie sie werden können.«[15]
Um diese Perspektive zu realisieren, bedarf es zunächst der kritischen Bilanz über sozialkulturell bedingte Veränderungen der Lebensbedingungen von Menschen in der Moderne. Als globale Kennmarken werden u.a. der fortschreitende Zwang zum lebenslangen Lernen genannt, in Verbindung damit die Verschiebung personaler Steuerungsmechanismen vom »innen-« zum »außengeleiteten Menschen« (D. Riesman), schließlich quasi im Gegenzug »der Rückzug von der äußeren auf die innere Realität«[16]. Gerade davon ist nach Riess die Religiosität betroffen, insofern Menschen ihr in institutionell-kirchlicher Form immer weniger Interesse entgegenbringen und statt dessen informelle Formen bevorzugen.
Auf der Folie solcher Diagnose wird sodann nach RU gefragt. Dem Seelsorgefachmann springen Parallelen zwischen pädagogischen und seelsorgerlichen Aufgaben und Problemen, aber auch analoge Entwicklungen der Disziplinen ins Auge. Zunächst konstatiert er für die beiden Fächer Religionspädagogik und Seelsorgelehre eine ähnliche Entwicklung: nämlich die von kerygmatischer hin zu partnerzentrierter Orientierung. Beide nähern sich den modernen Erfahrungswissenschaften. Beiden wird deshalb der (sachlich nicht haltbare) Vorwurf gemacht, sie hätten ihr kirchliches Proprium verloren, weil sie (zu) viel Wert auf Kommunikation legten.
Riess entfaltet Basis und Gestaltung seelsorgerlichen Wirkens an Schülern aus poimenischer Perspektive, vom Selbstverständnis des Seelsorgers her, damit zugleich aber im Blick auf dessen Wahrnehmung von Menschen. Dazu werden zwei Modelle biblischer Anthropologie näher ausgeführt. Für Riess ergibt sich eine notwendige Komplementarität beider Modelle, wenn man sie zuspitzt auf einerseits den kognitiv akzentuierten Themenansatz, andererseits den emotional-affektiv zentrierten Ansatz; hinzu kommt der gruppenorientierte Ansatz von Lernprozessen.
Von der biblischen Anthropologie her ist der Mensch einmal als Bild Gottes auf seine Beziehungsfähigkeit hin angesprochen (›Eikon-Modell‹). Entwicklung der Person, ihres Charakters, Verstand und Emotionalität wie auch Wachstum im Glauben vollziehen sich über den Austausch mit wichtigen Bezugspersonen. Die dem entsprechende religionspädagogische Aufgabe besteht hier vorrangig im Ordnen von religiösen Vorstellungen. »Der pädagogische Prozeß ... kann dazu beitragen, durch Rückbindung an Texte und Traditionen und durch Auseinandersetzung mit gegenwärtiger Realität auf dem Wege kognitiver und emotionaler Klärung diffuse Gottesbilder und destruktive Götzenbilder zu entmythologisieren und damit Schüler zu entängstigen.«[17] Die seel-

---
15 Ebd., 184.
16 Ebd., 168.
17 Ebd., 172.

sorgerliche Aufgabe richtet sich dann auf die Begleitung des reifenden Gottesbildes, auf Hilfe zur Entwicklung vom ängstigenden hin zum befreienden Gottesbild; hier liegen auch Aufgaben für Gewissenserziehung.
Im ebenfalls alttestamentlich begründeten ›Exodus-Modell‹ wird der Mensch zum anderen begriffen als Wesen im Aufbruch, in der Transition, in der ständigen Entwicklung von einer Lebensphase zur nächsten. Diese Perspektive gewinnt generell unter sozialen Bedingungen der Moderne mit einer sich überschlagenden Mobilität besondere Relevanz. Von lebensgeschichtlich besonderer Bedeutung ist sie speziell im Blick auf die Gestaltung der sehr komplexen Ablösungs- und Selbstfindungsprozesse im Verlauf der Adoleszenz. Als religionspädagogische Aufgabe insbesondere in der Phase der Pubertät formuliert Riess eine vernunftbezogene und subjektorientierte Anleitung und Klärung der Emanzipations- und Selbstfindungsprozesse. Dabei wird allerdings wichtig, entsprechende Lernprozesse nicht zu verengen. So begreift er mit von Hentig die Funktion des Religionsunterrichts »als den notwendigen und unersetzbaren Versuch, auf das Irrationale einzugehen, auf Grundfragen, welche durch Wissenschaften nicht abzudecken sind.«[18] Und gerade dazu ist seelsorgliche Sensibilität erforderlich, insofern sie sich verstärkt auf den zunächst aus der unterrichtlichen Kommunikation abgeblendeten Umgang mit eigener Angst und Emotionalität richten kann.
Ich halte diesen Ansatz von Riess nicht nur in seiner Zeit, da geschlossenes curriculares Denken die religionspädagogische Debatte fast gänzlich dominierte, für produktiv. Er scheint mir zugleich in mehrfacher Weise geeignet, auch gegenwärtigen Problemen zu begegnen. Seelsorge bezieht sich hier zunächst auf den Raum des Religionsunterrichts, erweitert aber dessen Wahrnehmung und Gestaltung ganz erheblich, wenn dieser nicht mehr allein von Gesichtspunkten des Sachlernens und auch nicht allein von idealiter normierten Lernprozessen, sondern von der Wirklichkeit von Schülern und Schülerinnen, Schule und Religionsunterricht samt ihrer Krisen, Unzulänglichkeiten her bedacht wird.
Pädagogisch interessant ist dieser Ansatz, insofern er zu ganzheitlicher Wahrnehmung des Geschehens in der Schule anleiten kann, auch deshalb, weil er sich – auf einer Linie mit D. Stoodt – ausdrücklich zum Interesse an emanziptorischer Bildung junger Menschen bekennt und nicht nur zum Vermitteln von Informationen über Richtigkeiten. Gleichwohl hat Riess bereits 1974 betont, daß Emanzipation nicht mit permanent überzogener und deshalb nicht mehr zu verkraftender Verunsicherung verwechselt werden darf. So plädiert er energisch dafür, im RU nicht nur den Gott zu präsentieren, der »die Zelte abbricht«, sondern auch von dem Gott zu reden, »der sein Zelt bei den Menschen aufschlägt«[19]. Dies folgt der eingangs genannten grundlegenden seelsorgerlichen Intention

---

18 Ebd., 175.
19 Ebd.

der Lebensvergewisserung. Bedeutsam ist ferner, daß es nicht allein um rationale Klärung von Orientierungen geht, daß Irrationalität von Verhaltensweisen mit wahrgenommen werden kann. Gerade auch das ist aufzugreifen.

Aus dem historischen Abstand zu notieren ist der Umstand, daß hinsichtlich der Adressaten noch eine gewisse Verengung zu verzeichnen ist: Seelsorge soll wie in der pädagogischen Perspektive der Zeit und mit der Fokussierung auf den Religionsunterricht vor allem Schüler in den Blick nehmen. Noch nicht deutlich genug einbezogen ist – trotz aller Betonung etwa der Gruppendynamik – der Gedanke, daß sich Seelsorge auch an Lehrer/innen richten soll und muß. Dies nicht nur, weil sie mit ihrem unterrichtlichen Tun und Lassen in die innere Dynamik von Schülern, in deren Umgang mit Krisen hineinwirken – ja: sie nicht selten bewirken oder verstärken. Sondern auch schlicht deshalb, weil sie als Mitbewohner des Lebensraums ›Schule‹ mit eigenen Problemen aus kirchlicher Perspektive den gleichen Anspruch auf das Angebot der »Lebenshilfe« haben.

2.3 Erfahrung und Alltag

Wenig später wurde ein Ansatz schulbezogener Seelsorge vorgetragen, der gewissermaßen die komplementäre Bewegung vollzieht. Es geht bei diesen im Kontext religionspädagogischer Überlegungen formulierten Gesichtspunkten vor allem um »Seelsorge im RU«[20], um die Klärung und Stärkung der »seelsorgerlichen Dimension von RU«. Nötigung zur Schulseelsorge erwächst für K. Dienst nicht primär aus spezifisch seelsorgerlichen, sondern aus pädagogischen Anliegen, aus dem in den 70er Jahren vielerorts reklamierten Defizit an Praxis- und Erfahrungsbezug religionspädagogischen Handelns. Wird dieser Bezug sachgemäß wahrgenommen, dann kann RU sich nach Dienst eben nicht in Vermittlung von Wissen über den christlichen Glauben erschöpfen, sondern muß auch jene Elemente des christlichen Glaubens mit einbringen, die üblicherweise zunächst eher seelsorgerlichem Handeln zugeordnet werden. Von diesen Überlegungen her geht es dann um Bereicherung von Unterricht durch Beratungs- und Gesprächsangebote, aber auch um Weisung und Orientierung mit der Intention von Lebenshilfe durch Selbstklärung, durch emotionale Stabilisierung und Lebensermutigung. Vom Primat des pädagogischen Gedankens her legt Dienst allerdings Wert darauf, daß man bei allen entsprechenden Bemühungen die institutionellen Rahmenbedingungen von RU berücksichtigt. Wahrnehmung der seelsorgerlichen Bezüge muß diesen Grenzen Rechnung tragen.

---

20 *K. Dienst*, Glauben – religiöse Erfahrung – Erziehung, Gütersloh 1979, 80 (3. Kap. Religiöse Erfahrung und seelsorgerliche Dimension im Religionsunterricht, 99ff.); vgl. ferner *ders.*, Schulbezogene Arbeit der Kirchen, in: EvErz 40 (1988) 363-371, wo der Ansatz in z.T. wörtlicher Anlehung auftaucht.

»Die Sozialformation des seelsorgerlichen Handelns kann nicht permanent in Konflikt mit derjenigen des schulischen Unterrichts geraten, weil es sonst zu einer ›Gegenerziehung‹ kommt, die beiden Abtrag tut.«[21] Seelsorge und Unterricht werden in diesem Ansatz nicht identifiziert, aber als ›benachbart‹ verstanden. Beiden legt Dienst ein erfahrungsbezogenes Verständnis von Religion zugrunde, das sich sowohl gegen Reduktion auf konfessionell-dogmatische Lehrbestände wie auch gegen Entleerung zu deskriptiven Kategorien von Religionswissenschaft abgrenzt. Sachgemäßes Verständnis des christlichen Glaubens muß nach Dienst vielmehr auf lebensweltliche Verankerung von religiöser Erfahrung und zugleich auf kirchliche Rückbindung zurückgehen. Entsprechend plädiert er dafür, »unter ›religiöser Erfahrung‹ jene Erfahrung [zu] verstehen, die innerhalb der protestantischen Volkskirche im Rahmen von alltagsweltlichem Erleben und Handeln sowie in expliziten Formen mit dem christlichen Glauben als ›unserer Religion‹ in Verbindung gebracht werden ... ; es geht hier um das weite Feld der vortheoretischen Praxis des Glaubens als eines individuellen und gesellschaftlichen Geschehens.«[22]

Dieser Ansatz scheint mit der Betonung des Lebensweltbezuges insbesondere die Forderung nach didaktischer Berücksichtigung von »gelebter Religion« aufzunehmen. Er ist nicht nur deshalb in mancher Hinsicht konsensfähig und fruchtbar, was nicht zuletzt am gesamtkirchlichen Echo ablesbar ist. Aus dem historischen Abstand ergibt sich allerdings Klärungsbedarf an einigen Stellen.

Reformbedürftigkeit von RU zur Intensivierung des Erfahrungsbezugs ist heute, 20 Jahre später, generell unstrittig. Dabei können seelsorgerliche Elemente dienlich sein. Dem RU kann dabei nicht eine fremde Welt (»weder Beichtstuhl noch Couch«) einfach übergestülpt werden; die seelsorgerliche Dimension soll vielmehr in den Grenzen schulischer Spielräume eingebracht werden. Was aber ist zu tun, wenn eben die für Schule und Unterricht von Dienst reklamierten Grenzen mittlerweile verschwimmen, wenn inzwischen immer mehr Pädagogen und Bildungsplaner dafür plädieren, alte Vorstellungen von Unterrichtsschule zu verflüssigen, weil diese weder effektiv noch human waren? Auch in der schulbezogenen Seelsorge engagierte Pfarrer weisen mittlerweile darauf hin, »daß sich der Lebensraum Schule in einer für den Religionsunterricht entscheidenden Weise geändert hat«[23]. Dienst rechnet, soweit ich sehen kann, noch mit Konstanten, die inzwischen so gar nicht mehr als Fixpunkte für den Entwurf von Schulseelsorge gelten können.[24] Das Entsprechende gilt auch für die kirchliche Einbindung der Bemühungen.

---

21 Ebd., 101.
22 Ebd., 99.
23 *A. Himmighofen*, Schulseelsorge – Erste Erfahrungen mit einem neuen/alten Aufgabengebiet, in: EvErz 40 (1988) 381.
24 Das gilt, soweit ich sehe, auch für *G. Büttner*, Seelsorge im Religionsunterricht. Pastoralpsychologische Untersuchungen zum Zusammenhang von Thema und Interaktion in der Schulklasse, Stuttgart 1991.

Die religiöse Verfassung der Gesellschaft und damit die institutionelle religiöse Bindung von Schülerinnen und Schülern ist am Ende des 20. Jahrhunderts angesichts aller Entkirchlichungswellen, vor allem aber angesichts steigender außerkirchlicher Religiosität unter jungen Menschen mit dem Konzept von »Volkskirche« wohl nicht mehr zureichend zu beschreiben. Ebenfalls aus der Rückschau beurteilt, hat sich auch das ältere Konzept kirchlicher Schülerarbeit der 70er Jahre trotz aller Anstrengungen – gerade auch um Schulreform – nicht als überlebensfähig erwiesen, weil es am Widerspruch zwischen landeskirchlicher Organisation und der Intention lokaler Wirksamkeit vor Ort scheiterte.

3. Gehversuche vor Ort

Aus den skizzierten grundsätzlicheren religionspädagogischen und seelsorgerlichen Arbeiten sind im Laufe der letzten Jahre eine ganze Anzahl von Realisierungsversuchen hervorgegangen. Sie sollen zunächst exemplarisch im Blick auf Hessen angesprochen werden, wobei ich mich insbesondere auf die dort u.a. notierten phantasievollen Schritte der praktischen Umgestaltung konzentriere.
Dank der Anstöße von Dienst, nicht zuletzt aber auch aufgrund von Initiativen von katholischer Seite[25], ist in der EKHN 1988 per Synodenbeschluß eine Projektgruppe »Pfarrer/Pfarrerinnen mit dem Auftrag zur Schulseelsorge« eingesetzt worden, die über einige Jahre intensiv an einem neuen Entwurf von Schulseelsorge arbeitete. Daraus erwuchs eine Konzeption, die 1992 dann mit der kirchenoffiziellen Verabschiedung »Leitlinien für Schulseelsorge« fest installiert wurde.[26] Danach arbeitet eine begrenzte Zahl von 12 Schulpfarrer/innen mit einem um ein Viertel reduzierten Stundendeputat im RU, um die verbleibende Dienstzeit für geeignete Angebote zu Beratung und Orientierung auch außerhalb des RUs nutzen zu können.
Der seelsorgerliche Auftrag bezieht sich nicht auf eine Institution, wohl aber auf alle in der ›Schule als Lebensraum‹ einander begegnenden Menschen: zunächst auf junge Menschen, kann aber nicht auf Schülerinnen und Schüler beschränkt bleiben, sondern muß auch Lehrerinnen und Lehrern gelten (und zwar nicht nur Religionslehrern[27]). Adressaten sind hier ausdrücklich Schüler/innen und Lehrer/innen. Erfahrungsaus-

---

25 Vgl. dazu *E. Jung*, Schülerseelsorge am Staatlichen Dreieich-Gymnasium in Langen (Hessen), in: *J. Jungnitz / P. Keil* (Hg.), Neues Jahrbuch für das Bistum Mainz 1986, 185 ff.; zu der frühen Arbeit im katholischen Bereich vgl. *J.H. Schneider*, Schule – Kirche – Seelsorge. Schulbezogene Arbeit der Kirchen im Übergang, Düsseldorf 1976.
26 Vgl. zu beidem *Amt für Jugendarbeit der EKHN* (Hg.), Arbeitshilfe ›Schulnahe Jugendarbeit‹, insbes. *M. Kopp*, Schulnahe Jugendarbeit und Seelsorge an Schüler/innen, 63 ff. bzw. Leitlinien für Schulseelsorge, 70 ff.
27 Vgl. dazu *N. Caspary*, Seelsorge an Religionslehrern, in: EvErz 32 (1980) 445 ff.

tausch und Fortbildung geschieht im Rahmen der für alle Beteiligten obligatorischen »Arbeitsgemeinschaft Schulseelsorge«. Institutionell und personell vernetzt ist diese Arbeit mit der kirchlichen Jugendarbeit auf regionaler und gesamtkirchlicher Ebene. Ein gewisser Schwerpunkt liegt dabei im Praxisfeld »Berufsschule«. Jedenfalls liegen hierzu Praxisberichte vor.[28]

Die Elemente, mit denen wirkungsvolle Seelsorge in der Schule betrieben wird, sind Elemente im wörtlichen Sinne, nämlich elementare Vollzüge. Immer wieder hervorgehoben wird die Bedeutung des Umgangs mit der Zeit. Zur Seelsorge gehört die in der herkömmlichen Schule offensichtlich abhanden gekommene Erfahrung, daß Menschen unabhängig vom 45-Minuten-Takt der Schulstunden freie Zeit in eigener Verfügung haben, insbesondere die Erfahrung, daß Erwachsene Zeit haben. So betont der Bericht eines Schulpfarrers im Kreis Bergstraße gerade die Verwunderung der Schüler »über mein Angebot, daß ich Zeit für sie habe und bereit bin, mit ihnen zu sprechen. Hier sind Kollegen und Schüler einig: ›Wo gibt es das denn, daß ein Pfarrer Zeit hat?‹«[29]. Wobei dieses Staunen auf dem Hintergrund einer Normalsituation gesehen werden muß, welche alle Gemeindepfarrer in der EKHN dazu verpflichtet, in ihrem Terminkalender zusätzlich zu allen Aufgaben in der Gemeinde vier Stunden RU in einer Schule unterzubringen. Umgekehrt gehört deshalb zum gelungenen schulseelsorgerlichen Alltag auch Zeit für Lehrer/innen und ihre Probleme. Zu beidem können separat ausgewiesene Sprechzeiten dienlich sein. Sie signalisieren bei gewisser Frequenz Erreichbarkeit für Interessierte oder Ratsuchende. Vertiefte Erfahrungen in der gleichen Richtung sind möglich im Rahmen von Freizeiten.

Von gleicher Bedeutung ist aber die Wahrnehmung des Augenblicks, wo sich bei zufälligen Begegnungen spontane Gesprächsmöglichkeiten ergeben können. Und dies kann, wie eine andere Kollegin hervorhebt, dann im Einzelfall gerade »Minutensache« sein. »Es kommt ... gerade in der Schule darauf an, innerhalb kürzester Zeit die jeweilige Lebenssituation der Schülerin / des Schülers diagnostisch differenziert wahrzunehmen und genau abzuschätzen, welche klärenden oder ermutigenden Impulse zu setzen sind, um bei der/m jeweiligen SchülerIn die Selbsthilfekräfte zu wecken bzw. zu verstärken.«[30]

Von ebenso elementarer Bedeutung ist die Gestaltung der Räume, in denen Gespräche und andere Aktivitäten stattfinden können. Die gesamtkirchlichen Richtlinien der EKHN von 1992 signalisieren dies eher verwaltungstechnisch: »Die mit Schulseelsorge Beauftragten haben Anspruch auf ein Amtszimmer, wenn dafür ein dienstliches Erfordernis nachgewiesen wird«, betonen zudem die räumliche Vernetzung mit Kirchengemeinden: »Neben Räumen innerhalb der Schule werden auch

---

28 Vgl. die Berichte in Schönberger Hefte 2 (1992).
29 *Himmighofen*, Schulseelsorge, 384.
30 *U. Kloß*, Kirche – eine Freundin der Schule. in: EvErz 44 (1992) 363.

Gemeindehäuser in der Nähe benötigt«[31]. Auch hier erweisen Praktiker/innen größeres Gespür für Möglichkeiten, die sich aus entsprechendem räumlichen Ambiente für Seelsorge ergeben oder verbaut werden. »Kinder und Jugendliche fühlen sich ... mit der/m SeelsorgerIn zu zweit in einem geschlossenen Raum in der Regel unwohl, es sei denn, es hat sich gerade so ergeben ... SchülerInnen haben auf dem Schulhof ihre üblichen Wege und ihre speziellen Plätze. Habe ich die herausgefunden, ist es leicht, ihnen dort zu begegnen, mich in den Weg zu stellen, ins Spiel zu kommen. Wenn ich für Verabredungen alternative Plätze vorschlage, wählen SchülerInnen immer belebte Orte: Schülercafé oder Schulhof; oder sie bringen zu den Gesprächen Freunde mit.«[32]
Schulseelsorge kann verschiedenste Räume in der Schule als Frei-Räume und Artikulations-Räume nutzen. Dazu gehören Schulfeiern neuen Typs, gehört auch der inzwischen wieder entdeckte Schulgottesdienst.[33] Besondere Möglichkeiten liegen aber auch außerhalb des Schulgebäudes. Ein Bericht zum Beitrag von Reflexionstagungen zur Schulseelsorge verweist auf die Wichtigkeit der Auswahl des Ortes wie der gemeinsamen Raumgestaltung als Start des Kommunikationsprozesses. »Wesentlich für eine Reflexionstagung ist die Atmosphäre. Dies fängt schon bei der Wahl des Tagungszentrums an. Schülerinnen und Schüler verknüpfen ihre Erfahrungen mit bestimmten Räumen und Landschaften ... Die Räume, in denen die drei Tage gelebt werden, müssen so gestaltet sein, daß es die Räume der Schülerinnen und Schüler werden und diese nicht an schulische Räume erinnern. Ein gemeinsames Gestalten der Räume ist darum ein guter Anfang der Tagung! Schön ist es, wenn man über einen großen Raum verfügen kann, in dem es verschiedene ›Ecken‹ gibt. In zwei Ecken können z.B. Tische und Stühle stehen zum Basteln und Schreiben. In einer anderen Ecke steht ein Tisch mit Büchern zum Thema und hängen möglicherweise große Wandzeitungen mit dem Programm, das mit einem Leiter oder einer Leiterin am Anfang gestaltet werden kann. Wieder eine andere Ecke kann ein ›Café‹ mit Getränken, kleinen ›Naschereien‹, Preisliste und einer Großflächenmalerei zum Thema sein.«[34]
Beratungsarbeit von Schulseelsorge geschieht in verschiedensten Situationen, sei es im Unterricht oder anderswo, immer auch über die Wahl bestimmter Themen, solchen, die von Schüler/innen und Lehrer/innen signalisiert oder explizit gewünscht werden wie auch denjenigen, welche von Pfarrerinnen und Pfarrern behutsam eingebracht werden. Ein Bericht verweist auf die Bedeutung derjenigen Themen, welche Formen

---

31 *EKHN*, Person und Institution, 72 bzw. 73.
32 Ebd., 364f.
33 Zu Möglichkeiten und Chancen in diesem Bereich vgl. etwa den Bericht von *M. Rickers*, Interkulturelles Leben und Lernen in einer evangelischen Grundschule in Aachen, in: JRP 8 (1991) 28ff.
34 *Referat Schülerarbeit. Amt für Jugendarbeit der Ev.-luth. Kirche in Bayern / Ev. Schülerarbeit. Amt für Jugendarbeit der EKHN / Evangelische Schülerinnen- und Schülerarbeit Pfalz* (Hg.), Arbeitshilfe Reflexionstagungen/Besinnungstage, 14f.

der »Selbstausbürgerung« Jugendlicher aufgreifen, also Diskussionen über Suchtproblematik, Fanatisierung in Jugendsekten, radikale Privatisierung oder auch neofaschistische Gruppen. »Inhaltlich hieße seelsorgerliche Arbeit den Versuch, ganz bestimmte unangenehme Selbstwahrnehmungen zu artikulieren und auszuhalten.«[35]
Gerade in Verbindung mit Themen zeigt die Vielfalt der Gestaltung der Begegnungen in den neuen Versuchen einer »Schulseelsorge« bzw. einer »schulnahen Jugendarbeit«, daß und wie hier einmal an moderne unterrichtliche Arrangements (Spiele, Planspiele oder meditative Verfahren) und neuere schulische Elemente (etwa Schülercafé oder Teestube) angeknüpft wird, zum anderen aber weit über den üblichen Rahmen hinaus gedacht wird. Das gilt für besondere Veranstaltungen wie Einkehrtage, Wochenendfreizeiten, auf denen vertiefte Gruppen- und Selbsterfahrung möglich ist; das gilt in anderer Weise sicher auch für neue Gestaltungsversuche von Gottesdiensten.[36] Auch die Praxis solcher Schulseelsorge hat die poimenische Kehre von einer verbal zentrierten »Seelsorge als Gespräch« nachvollzogen.
Schon dieser knappe Ausschnitt aus Praxisversuchen im Raum der EKHN zeigt, mit welcher Intensität hier neue Wege schulbezogener Seelsorge erprobt werden. Allerdings stellt sich gerade bei der bunten Palette der praktizierten Verfahren auch für kritische Insider die Frage, wie weit denn nun der Horizont von Schulseelsorge reicht. »Das Wort ›Schulseelsorge‹ bedarf einer genaueren Interpretation, die leicht verständlich das Angebot und seine Chancen charakterisiert und profiliert im Vergleich zum schulpsychologischen Dienst, der Drogenberatung oder der Funktion des Vertrauenslehrers.«[37] Im Interesse zukünftiger Stärkung solcher Arbeit darf die Reflexion auf Grundsätze aber gewiß nicht vorrangig zensierend oder beschneidend verfahren. Gründlicheres Nachdenken zum Zwecke konzeptioneller Profilierung scheint mir im Blick auf drei zentrale Problemebenen angezeigt.

4. Orientierung über Problemebenen von Schulseelsorge

Wenn die Herkunft moderner Schulseelsorge zwar dominant, aber nicht exklusiv vom RU her zu sehen ist, sondern Schüler- und Jugendarbeit ebenso Pate standen und als bleibende Partner zu beanspruchen sind – vom KU ganz zu schweigen –, dann geht es wohl zukünftig weder in erster Linie um so etwas wie eine »seelsorgerliche« Konzeption von Religionsunterricht noch um kompensatorische Unternehmungen für ander-

---

35 *P.-G. Andreas / D. Kutting*, Seelsorge in der Berufsschule, Schönberger Hefte 2 (1992) 6.
36 Vgl. die zahlreichen Praxisanregungen in den Anm. 26 und 34 genannten Arbeitshilfen.
37 *Kopp*, Schulnahe Jugendarbeit, 69.; vgl. ferner *ders.*, Schulseelsorge und Schulgottesdienst, Handbuch Ev. Religionsunterricht in Berufsschulen, Comenius-Institut, Münster (in Vorbereitung).

weitig mißlingende kirchliche Sozialisation, sondern sinnvollerweise um die Wahrnehmung und Gestaltung der poimenischen Dimension in der Schule insgesamt. Dabei wäre eine schulbezogene Seelsorge älteren Typs in eine schulinterne Seelsorge zu transformieren. Davon wird indirekt dann sicher auch der Religionsunterricht profitieren, wobei zukünftig neben der Sekundarstufe II wohl stärker auch die Grundschule und die Aufgabe einer Kinderseelsorge mit einzubeziehen wären.

4.1 Wahrnehmung »gelebter Religion«

Welche theologische, pädagogische und seelsorgerliche Grundorientierung taugt für solche Arbeit? Und welche Kompetenzen zur Realisierung müßten erworben werden? In kritischer Anknüpfung an die eingangs gemachten Bemerkungen zu sozialen Ausdifferenzierungen plädiere ich für einen Ansatz, der mit Differenzierungsprozessen sensibel, kritisch und produktiv umgehen kann. Dazu muß man, so paradox es klingen mag, gerade beim Unstrukturierten einsetzen. Also nicht bei elaborierten theologischen Begriffen, nicht bei differenziert eingegrenzten Funktionen von Spezialisten (und seien sie Schul- oder Seelsorgespezialisten), sondern bei der Lebenswelt, bei der »Schmuddeligkeit des Alltags« (v. Hentig).

Aufzunehmen ist das religionspädagogisch formulierte Plädoyer für »gelebte Religion im Klassenzimmer« (Bizer), und dieses ist für eine auf den Gesamtraum der Schule abzielende Seelsorge fortzuentwickeln. Und anzuknüpfen ist an den u.a. von Dienst hervorgehobenen Erfahrungsbezug, allerdings in kritischer Weise. Denn klärungsbedürftig erscheint mir bei ihm der zwar vehement vorgebrachte, aber noch etwas schillernde Rekurs auf Alltag und Erfahrung. Der Verweis darauf, das »Jetzt und So alltagsweltlichen Erlebens und Handelns von Schülern und daraus geschöpfte Bestände des Alltagswissens«[38] ernst zu nehmen, kann als früher Hinweis auf stärkere Berücksichtigung phänomenologischer Orientierung in der Religionspädagogik nur begrüßt werden. Aber Lebensorientierung kann prinzipiell offensichtlich unterschiedlich verstanden werden.[39] Wenn bei Dienst nämlich von Lebenswelt im Husserlschen vortheoretischen Sinn, zugleich von »lebensweltlichen Glaubenskonstruktionen«[40] der Kirchenmitglieder, sogar von »Christentum in protestantisch-lebensweltlicher Hinsicht«[41] gesprochen werden kann, dann bleibt fraglich, ob nicht schließlich doch das religiöse System im Zeichen des soeben genannten problematischen Kirchenverständnisses gegen die Lebenswelt durchschlägt.

---

38 Ebd., 87.
39 Zu genauerer Analyse vgl. *B. Waldenfels*, In den Netzen der Lebenswelt, Frankfurt a.M. 1994, insbes. 34 ff., sowie *K. Foitzik / R. Degen / W.-E. Failing* (Hg.), Lebenswelten Erwachsener, Münster (Comenius-Institut) 1994.
40 Ebd., 83.
41 Ebd., 100.

Notwendig ist eine veränderte Annäherung an Religion, die weder bei kirchlich normierter noch bei theologisch-wissenschaftlich fundiertem Begreifen von Religionspraxis einsetzt, also eine Annäherung, für die die moderne Unterscheidung zwischen Religion und Theologie konstitutiv ist. Notwendig ist ferner eine seelsorgerliche Orientierung, die sich nicht allein auf spezielle Techniken zur individuellen oder interpersonalen Krisenbearbeitung kapriziert. Produktiv erscheint mir vielmehr eine Haltung, die für professionelle Seelsorge gerade kennzeichnend ist, auch wenn sie dort gelegentlich anders genannt wird, etwa »empathisch«. Eine Haltung, die zunächst die Kategorie kirchlicher, theologischer oder auch psychotherapeutischer Katalogisierung von Wirklichkeit zugunsten einer geschärften Wahrnehmung der Lebenswelt suspendiert, die nicht aus dem Gestus des Wissenden, sondern des Hörenden, Suchenden und Fragenden lebt, der – ohne falsche Naivität – in den Lebensalltag eintaucht, der fragt, was sich im Alltäglichen an existentiellen Bedürfnissen und an Suchbewegungen erkennen läßt, was sich an religiösen Themen und Fragen artikuliert. Wahrzunehmen gilt es dabei nicht nur das, was in Worten ausgesprochen wird, sondern auch dasjenige, was dahinter an geheimen Botschaften mitschwingt. Zu entdecken wäre, was sich mit dem fremden Blick auf den Schulalltag zeigt, was dort sichtbar wird, wenn man gerade nicht auf Unterrichtsroutine fixiert ist. Das beginnt bei der speziellen Art der Bewegung von Schülern, die sich an einen Walkman angeschlossen haben, betrifft die diversen Kleiderordnungen, den Umgang mit Räumen und reicht hin bis zu Kaufgewohnheiten und Urlaubsträumen. »Alle Bewegungen, Angebote, Erfahrungen, Begegnungen, die auf das Ich zukommen und ihm in seiner Lebenswelt – vergewissernd – das Ich identifizierend in aller Vorläufigkeit einen Boden, eine Grundlage anbieten, einen Halt, der ein anfängliches Annehmen der eigenen Personalität ermöglicht – das ist Religion.«[42]
Solche Suche beinhaltet für den Betrachter als christlichen Theologen einen bedeutsamen Verzicht. Nämlich den – theologisch und seelsorgerlich mit guten Gründen zu unterbauenden – Verzicht darauf, die eigene Religiosität absolut zu setzen. Das ist keineswegs gleichbedeutend mit dem Verzicht auf jede kritische Haltung. Therapeutisch wie seelsorgerlich recht verstandene und praktizierte Empathie meint ja auch nicht grenzenloses Akzeptieren, sondern partielle Einfühlung unter vorläufiger Suspendierung eigener Überzeugung, dabei gleichzeitig geschärfte Wahrnehmung von Gegenübertragungen, und impliziert so die Notwendigkeit zur Abgrenzung.
Ziel solcher tastenden Bewegungen hin auf andere kann und darf auch in der Schule nicht die heimliche pädagogische Absicht der Entlarvung aller Ungeklärtheiten des Alltags zugunsten restloser Aufklärung oder gereinigter Bekenntnisse und Lehrsätze sein. Es geht letztlich darum, in alltäglichen Begegnungen mit Menschen in der Schule nicht nur mit dem Gewohnten, dem Bekannten und auch Banalen zu rechnen, sondern

---

42 *Bizer*, Jugend und Religion, in: PTh 81 (1992) 174.

immer auch mit dem Unerwarteten, dem Befremdlichen, mit der Abgründigkeit des alltäglichen Lebens. Welche durchaus nicht unkritische poimenische Theorie dies fundieren könnte, ist inzwischen in ersten Versuchen lebensweltlicher Verankerung von Seelsorge entfaltet worden.[43] Nicht nur die kommunikative, sondern wohl auch die religiöse, vergewissernde Dimension von Seelsorge bekommt hier von der Phänomenologie neue Impulse.

4.2 Religion jenseits der Wirklichkeit?

Bezweifelt man den Wert gereinigter Konstrukte wie »Entkirchlichung« und »Säkularisierung« oder auch »pubertärer Ablösungskonflikt« zu angemessener Wirklichkeitserfassung und fragt in der skizzierten Richtung weiter, wo Religion konkret in der Welt junger Menschen wie Erwachsener vorkommt, so braucht lebensweltorientierte Schulseelsorge freilich heute nicht am Punkte Null anzusetzen, ja: Sie kann es sich gar nicht leisten. Riess machte, wie oben angesprochen, bereits darauf aufmerksam, daß Jugendliche sich und die Welt nicht nur als rational verfaßte Wirklichkeit verstehen, sondern auch im Zusammenhang gesamtgesellschaftlicher Umbrüche. Es geht also nicht nur darum, wie Jugendliche mit den Entdeckungen eigener Irrationalität und entsprechenden emotionalen Verunsicherungen zurechtkommen, sondern welche intellektuellen Verunsicherungen epochalen Ausmaßes sich gegenwärtig abzeichnen. Diese betreffen das, was J. Habermas die »neue Unübersichtlichkeit« genannt hat: gesellschaftliche Brüche und Umbrüche, die von Sozialgeschichtlern gerade als Folgekosten von modernen Differenzierungsprozessen aufgewiesen worden sind. Eine 18jährige Gymnasiastin artikuliert das gleichsam in elementarisierter Form so: »In keiner Zeit zuvor wurden alle menschlichen Werte, alles überhaupt in Frage gestellt. Immer gab es Grundsätze, feste Richtlinien, von der Kirche oder dem Staat aufgestellt. Wir heutzutage sind wirklich frei, vielleicht allzu frei – denn in unserem Drang, von allem die absolute Wahrheit zu erforschen, haben wir alles über Bord geworfen, was Glaube, Liebe, Ideale hieß und sich nicht rational begründen ließ. Die Suche nach dem Sinn des Lebens ist nun jedem einzelnen überlassen – Hilfe dabei kann er höchstens bei diffusen Sekten und Drogen finden –, und viele bleiben bei der Suche auf der Strecke.«[44]

Sachlich ähnlich wie Riess' Hinweis auf Rückzüge in Innerlichkeiten kann man mit D. Baacke einige Reaktionen Jugendlicher auf spezifische Erfahrungen in neuen gesellschaftlichen Kontexten im Sinne von

---

43 Vgl. etwa *W. Steck*, Der Ursprung der Seelsorge in der Alltagswelt, in: ThZ 43 (1987) 175 ff; *H. Luther*, Alltagssorge und Seelsorge, in: *ders.*, Religion und Alltag. Bausteine zu einer Praktischen Theologie des Subjekts, Stuttgart 1992, 224 f.; vgl. ferner *E. Hauschildt*, Alltagsseelsorge. Eine sozio-linguistische Analyse des Pastoralen Geburtstagsbesuchs, Göttingen 1996
44 Entnommen aus *Sziegaud-Roos*, Religiöse Vorstellungen von Jugendlichen, in: Jugendliche und Erwachsene '85, Bd. 4, Leverkusen 1985, 361.

»stillen Ekstasen« zu umschreiben versuchen.[45] Dabei geht es nicht um eine eindimensionale Sicht, nicht um erklärende Reduktion auf ein einziges Verhaltensmuster, aber doch um Wahrnehmung immer weiter verbreiteter und deshalb bedenkenswerter Phänomene. Die Metapher »Ekstase« verweist gerade in die Richtung einer Überschreitung der Wirklichkeit. Von Ekstasen zu sprechen bedeutet, daß man Sinnsuche nicht als nüchterne Erforschung der Tatsachen, dessen, »was der Fall ist«, betreibt, sondern sie eher als innerliches Überschreiten des alltäglichen erlebten Langeweilebetriebs versteht. Das hat durchaus religiöse Qualität, allerdings wohl nicht immer christlich-religiöse und schon gar nicht kirchliche. Denn in die Phänomenbreite der »stillen Ekstase« gehört z.B. auch der Bereich jugendlicher Neigungen zu magisch-okkulten Praktiken und Sinnsuchen. Neuere Untersuchungen[46] belegen zwar einerseits, daß hier eher harmlose Dinge getrieben werden, Pendeln, Tische- und Gläserrücken usw., und dies auch nur von einer kleinen Minderheit und vorzugsweise in einer pubertären Übergangsphase. Aber es gibt in der entsprechenden Szene eben auch Induktion von Angst, ja im Extremfall Gewalt, wenn etwa Jugendliche sich durch imaginäre Stimmen des Satans in den Selbstmord getrieben fühlen oder wenn eine Mitschülerin auf angebliches Geheiß außerirdischer Mächte umgebracht wird.

Allerdings gehört es zu seelsorgerlicher Haltung, der Motivation Jugendlicher ernsthaft nachzugehen und sich nicht mit vordergründigen Diagnosen der Lage wie »Suchtgefahr« oder »Realitätsflucht« zufriedenzugeben.[47] Hier kommen nämlich hinter den zunächst genannten Beweggründen Neugier und Unterhaltung auch Enttäuschungen zum Ausdruck über offizielle Sinnangebote nicht nur christlicher Großkirchen, sondern auch von bis dato gesellschaftlich noch heiligeren Instanzen: Wissenschaft und Technik. Hier artikuliert sich, zumindest für einige Kritiker, eine Verschiebung im Weltbild als Resultat kognitiver und emotionaler Frustrationen. »Die Spannung ..., daß wir vieles nicht wissen oder noch nicht wissen oder – wie Zukünftiges, soweit wir es nicht selber machen – auch nicht wissen können, halten offensichtlich viele Menschen nicht aus.«[48] Wobei dies keineswegs allein für Jugendliche gilt!

---

45 Vgl. *D. Baacke*, Die stillen Ekstasen der Jugend. Zu Wandlungen des religiösen Bezugs, in: JRP 6 (1990) 3 ff. im Anschluß an *R. Inglehart*, The silent revolution, Princton, NY 1977. Beobachtungen in sachlich ähnlicher Richtung stellt *Th. Ziehe*, Angst vor Hingabe ... Hunger nach Intensität, in: religio 1 (1987) 35 ff. an, wo er von Subjektivierungstendenzen spricht.
46 Vgl. *H. Zinser*, Okkultismus unter Berliner Schülern, in: Materialdienst der EZW 10/1990, 273 ff; *ders.*, Okkulte Praktiken unter erwachsenen Schülern des zweiten Bildungsweges in Berlin (West), in: Materialdienst der EZW 6/1991, 176 ff.
47 Vgl. zur gründlichen und kritischen Aufarbeitung der Phänomene *H. Streib*, Entzauberung der Okkultfaszination. Magisches Denken und Handeln in der Adoleszenz als Herausforderung an die Praktische Theologie, Kampen (Niederlande) 1995.
48 *Zinser*, Okkulte Praktiken, 184.

Obwohl wir in einer offiziell gesprochen rationalen Kultur leben, hat das Bild sich gewandelt, zumindest im Blick auf die an der Alltagspraxis ablesbaren bedeutsamen Verschiebungen in der Weltbildorientierung vieler Menschen. Phänomene wie Okkultismus, Satanskult, Exorzismus, Mondmagie in feministischen Zirkeln, Schamanismus, Geistheilung und alternative Medizin, Kontaktaufnahme mit dem Übersinnlichen, Sprechen mit Verstorbenen über Radiowellen geben nur einen kleinen Ausschnitt des Spektrums an. Dabei ist ein wahrer Boom auch von magischer Religiosität zu verzeichnen. Die Palette von Angeboten ist in jeder Esoterikabteilung der Buchläden einzusehen. Eine wachsende Attraktion und Faszination außerrationaler Sinnsuche, bestimmter alternativer Religionsangebote, esoterischer Bewegungen, neuer Spiritualität u.a. geht – mitten in einer von Technik und Wissenschaft geprägten Welt – einher mit mehr oder weniger deutlichem Hang zum Irrationalen. Menschen gehen zunehmend auch in »modernen« Gesellschaften mit multiplen Realitäten um. Zweckrationales Verhalten und dessen vernünftige Begründung stellen keineswegs den einzig plausiblen Verhaltensmodus dar.[49] »Das der Moderne zugrundeliegende Weltbild, in welchem das individuelle Leben ebenso wie gesellschaftliche Prozesse durch vernünftige, die Interessen aller Beteiligten berücksichtigende Verfahren entschieden und gestaltet werden sollen, wird offensichtlich durch die Schule und andere Bildungs- und Informationsinstanzen nicht mehr hinreichend vermittelt ... Es müssen tiefgreifende Verletzungen und Veränderungen in unserer Gesellschaft aufgetreten sein, die viele Menschen nach ›Alternativen‹ suchen läßt.«[50]

An dieser Stelle liegen heute spezifische Herausforderungen für lebensweltorientierte kirchliche Arbeit. Dem wird weder mit einem allein an »Entmythologisierung« orientierten RU noch mit Aufklärungsveranstaltungen über die psychischen Gefahren von Satanismus entsprochen werden können. Gerade hier ist auch Seelsorge, die dem evangelischen Auftrag zur Vergewisserung des Subjekts folgt, vonnöten. Diesem Auftrag hätte sie gerade da nachzukommen, wo dem Individuum zunehmend die Last zur persönlichen Orientierung angesichts konkurrierender Wirklichkeitsdeutungen aufgebürdet wird. Seelsorge hätte besonders Gewicht zu legen auf die Klärung der persönlichen Lebensperspektiven, gegen den Druck der Clique und der gesellschaftlich herrschenden und medial allgegenwärtigen Wirklichkeitsbilder, ob sie nun »verbotene Liebe« heißen oder »Madonna«. Sie sollte Raum geben, die Verstrickungen in solchen Deutungen aufzudecken, um zu fühlen und auszudrücken, wo Ein-

---

49 Vgl. dazu ausführlich *H.-G. Heimbrock / H. Streib* (Hg.), Magie – Katastrophenreligion und Kritik des Glaubens. Eine theologische und religionstheoretische Kontroverse um die Kraft des Wortes, Kampen 1994.
50 *Zinser*, Okkultismus unter Berliner Schülern, 281. Zur Diskussion von *Zinsers* Befunden wie auch anderer empirischer Untersuchungen zum Jugendokkultismus vgl. *H. Streib*, Geheimnisumwitterte magische Blüten: Jugendokkultismus im Spiegel empirischer Untersuchungen, in: EvErz 45 (1993) 111ff.

dimensionalität oder unübersichtliche Vielfalt Angst machen und verwirren.
Berücksichtigt werden muß allerdings noch ein anderer Horizont des Problems pluraler Zugänge zur Wirklichkeit. Zu den Kennzeichen der Postmoderne zählt weltweit nicht nur Pluralismus, sondern als eine Reaktion darauf auch die wachsende Gefahr des Fundamentalismus, die wachsende Attraktivität der ganz einfachen oder der ganz und gar irrationalen Wirklichkeitsdeutungen in der Krise der postmodernen Inflation von Weltbildern auch für Jugendliche. Und dies geht einher mit eher zwanghafter Deutung des eigenen Lebens. Hier zeigt sich damit auch die sozialpolitische und sozialdiakonische Notwendigkeit eines seelsorgerlichen Ansatzes, der behutsame und beharrliche Klärung von Wirklichkeitsbildern im Sinne der Perspektivenerweiterung nicht vernachlässigt. Insgesamt geht es nach den skizzierten Problemen zunächst um Verfahren, die Wirklichkeitsbilder von Jugendlichen und ihre Wirksamkeit auch im emotionalen Bereich genauer in den Blick zu nehmen. Dazu gehören für Jugendliche nicht nur die – oft nur sehr diffus entwickelten – Vorstellungen über Wirklichkeit im ganzen, sondern auch diejenigen über ihre eigene Person.
In allen Bereichen scheint mir ein sinnvolles Ziel von Seelsorge, Hilfestellung zu geben zum Finden der »Modelle« von Wirklichkeit einschließlich der von ihnen ausgehenden Blockierungen, sodann das Einspielen alternativer Bilder. In Seelsorge und Familientherapie arbeitet man seit einiger Zeit vermehrt mit dem Erzählen von Geschichten, mit Geschichten der Biographie.[51] Dahinter steht die Einsicht, daß unsere Lebenswirklichkeit immer wieder durch Geschichten konstituiert wird. Allerdings in ambivalentem Sinne. Einmal kann eine in der Familie mitgeschleppte Geschichte über einen Angehörigen so sehr prägen, daß Blockierungen oder gar Krankheiten bis hin zur Schizophrenie auftauchen. Andererseits können Geschichten auch identitätsstiftend, individuierend wirken, indem sie Wirklichkeit allererst zusammensetzen. Für Seelsorge im Bezugsrahmen von Schule kämen hier wohl noch andere Geschichten in Betracht. Es gibt nämlich mit der gleichen ambivalenten Wirkung auch Schüler-Geschichten und Lehrer-Geschichten. In diesen Kontext gehören allerdings auch bestimmte Schulstrukturen.

4.3 Erziehung, Unterricht, Seelsorge und Bildung

Erziehung und Seelsorge haben offenbar Strukturparallelen: Beide Aufgaben haben es mit der Wahrnehmung und Gestaltung »helfender Beziehung« zu tun. Im weiteren Sinne haben beide die Intention der »Lebenshilfe«. Lehrer/innen sind in den Grenzen ihrer individuellen und

---

51 Vgl. *H. Streib*, Heilsames Erzählen (Habil.-Vortrag Frankfurt a.M. 1995); ferner *B. Hildebrand*, Geschichtenerzählen als Prozeß der Wirklichkeitskonstruktion in Familien, in: System Familie 3 (1990) 227 ff., sowie *M. White / D. Epston*, Die Zähmung der Monster. Literarische Mittel zu therapeutischen Zwecken, Heidelberg 1994.

institutionellen Möglichkeiten auch dazu da zu trösten, zu orientieren und zu beraten, auch im Unterricht.
Weiter zu klären ist aber schließlich die Frage der professionellen Identität und institutionellen Loyalität derjenigen, die im schulischen Kontext einen expliziten seelsorgerlichen Auftrag haben. Soll und kann derjenige/diejenige, der/die an Leistungsbewertung und Zensurenvergabe beteiligt ist, gleichzeitig Gesprächspartner/in sein für Beratung über existentielle Nöte, die den Schutz eines völlig sanktionsfreien Raumes erfordert? Offen bleibt bislang, ob und inwieweit bei diesem Vorstoß in Sachen »Schulseelsorge« Grundeinsichten moderner Seelsorge angemessen zur Geltung kommen. Offen bleibt vor allem, ob und wie die Beteiligten ihre theologisch-seelsorgerliche Identität, auf deren Bedeutung gerade im Klärungsprozeß von moderner Pastoralpsychologie im Gegenüber zu psychotherapeutischer Identität immer hingewiesen worden ist, nun in der Kombination mit einer zunächst anders, nämlich pädagogisch akzentuierten Berufsrolle als Religionspädagogen durchhalten können.
Bisherige Erfahrungen, gerade auch diejenigen im Rahmen des neuen EKHN-Modelles, zeigen allerdings die Tendenz, daß die für das überkommene Pfarrerbild typische Rollenüberschneidung von seelsorgerlicher und pädagogischer Rolle in professionstheoretischer Hinsicht weniger ein Problem als vielmehr eine Chance beinhaltet. Nicht erst diejenigen Pfarrer und Pfarrerinnen, die in der oben beschriebenen Konstruktion als Schulseelsorger tätig sind, haben notwendigerweise zwei institutionelle Bezugsgrößen, Kirche und Schule, sondern bereits alle, die RU erteilen. Aber ein expliziter Seelsorgeauftrag verstärkt dies. Die Prävalenz der einen oder der anderen Größe ist zwar umstritten, nicht aber die Notwendigkeit des Doppelbezuges. Gelingen kann Schulseelsorge nur, wenn neben der individuellen Haltung in institutioneller und alltagspraktischer Hinsicht eine Verankerung der Arbeit im Lebensraum Schule und also eine Partizipation der professionellen Akteure am Alltag von Schüler/innen und Lehrer/innen gewährleistet sind. So wird gerade betont, daß der Bezug aller Angebote zur Schule nicht verlorengehen darf. Die Richlinien der EKHN sehen speziell den RU als notwendige Voraussetzung für gelingende Beratungsarbeit: »Als eigenständiger kirchlicher Beitrag bleibt die Schulseelsorge auf den Religionsunterricht bezogen.« Praktiker erheben deshalb die Forderung, »daß der/die Schulseelsorger/in im Beziehungsgeflecht des Lebensfeldes ›Schule‹ integriert sein muß. Das heißt, daß aufgrund unserer Erfahrungen schulseelsorgerliche Angebote, die nur von ›außen‹ an die Schule kommen, über kurz oder lang zum Scheitern verurteilt sein müssen.«[52]
Die besondere Chance eines von Pfarrern und Pfarrerinnen angebotenen seelsorgerlichen Dienstes in der Schule liegt gerade dort, wo sie neben der Partizipation am Unterricht gleichzeitig Schritte hilfreicher und sinnvoller Distanzierung anbieten können, nicht nur in Gesprächen mit

---

52 *Andreas / Kutting*, Seelsorge in der Berufsschule, 8.

Schülern, sondern auch etwa in Supervisionsangeboten für Lehrer. Im Sinne des systemischen Denkens moderner Seelsorge wären dabei direkt oder indirekt auch Eltern einzubeziehen. Unabdingbar für die Arbeit ist allerdings der vorherige Erwerb dementsprechender Kompetenzen im kommunikativen Bereich. Was moderne Seelsorgetheorie hier einfordert, etwa mit dem Verweis auf das »aufmerksame Verhalten«[53], erschöpft sich nicht allein in Kommunikationstechniken, sondern nimmt sachlich zugleich etwas von der oben skizzierten phänomenologischen Haltung auf. Daß eine solche chancenreiche Ausrichtung pastoraler Identität im Blick auf Schule zugleich Herausforderungen an alte und neue Konzepte von pädagogischer Professionalität der Lehrer und Lehrerinnen ganz im Zeichen der Beschränkung auf die Instruktionsfunktion von Unterrichten implizieren, sei hier angemerkt.[54]

Kirchliches Engagement in der öffentlichen Schule muß sich auf Angebote zur Mitgestaltung von Erziehungs- und Beratungsprozessen richten. Aber auch darin ist sinnvoller Umgang mit Folgen moderner Differenzierungen geboten. Kirche muß aus bildungstheologischer Perspektive für die Erneuerung von Schule aus dem Bildungsgedanken eintreten[55], in dem Sachorientierung und Lebensorientierung konvergieren. Darauf hat bereits Riess zu Recht aufmerksam gemacht. Zu intendieren ist Bildung von Menschen nicht im Sinne materialer oder formaler Bildung, sondern in grundlegenderem Sinne. Bildung kann man mit H.J. Heydorn begreifen als »Verfügung des Menschen über sich selber ... Dieser Prozeß meint nichts anderes als fortschreitende Befreiung des Menschen zu sich selber, als Weg ins Freie ... Die Herstellung menschlicher Handlungsfähigkeit gegenüber der technologischen Revolution ist das vornehmste Problem der Bildung.«[56] Bildung wäre dann etwas anderes als der Besitz von »Bildungsgütern«, wäre Erneuerung der Lebensformen, Befreiung des Bewußtseins und Aktualisierung der menschlichen Potentialität, in aufklärerischer Tradition. Ein solcher Bildungsbegriff gründet theologisch in der Gottebenbildlichkeit und zielt auf Identitätsformung in Prozessen der Persönlichkeitsbildung, die nicht

---

53 *H. van der Geest*, Unter vier Augen. Beispiele gelungener Seelsorge, Zürich 1981.
54 Entsprechende kritische Anfragen sind deshalb etwa auch an *K.-O. Bauer / Ch. Burkard*, Der Lehrer – ein pädagogischer Profi, in: Jahrbuch der Schulentwicklung Bd. 7, Weinheim/München 1992, 193-226, zu richten.
55 Vgl. dazu *P. Biehl*, Erfahrung, Glaube und Bildung. Studien zu einer erfahrungsbezogenen Religionspädagogik, Gütersloh 1991; vgl. ferner *H. Rupp*, Religion – Bildung – Schule. Studien zur Geschichte und Theorie einer komplexen Beziehung, Weinheim 1994.
56 *H.J. Heydorn*, Zu einer Neufassung des Bildungsbegriffs, Frankfurt a.M. 1972, 120f.; zu diesem Ansatz vgl. *L.A. Pongratz*, Unterwerfung und Widerstand. Heinz-Joachim Heydorns kritische Bildungstheorie in religionspädagogischer Perspektive, in: JRP 6 (1990) 59 ff.

herstellbar sind. Alle Bildungsvorgänge müssen an dieser Zielsetzung gemessen werden.[57]
In diesem Sinne gibt es zwischen Erziehung und Unterricht und der Aufgabe der Seelsorge weniger Distanz, keine unüberbrückbaren Differenzen. Denn beide beziehen sich vom Bildungsgedanken her, wie Riess auch in poimenischer Hinsicht entfaltet hat, sachlich auf Grundgedanken biblischer Anthropologie, und auch Beratung und Schärfung der ethischen Urteilsbildung sind Teil von beidem. Eine Abgrenzung ist also nicht sachlich begründet, sondern eher institutionell historisch zufällig gewachsen. Evangelische Seelsorge ist als bestimmter Lernvorgang (mit offenen Ende!) zu verstehen, wie bereits Schleiermacher grundlegend entfaltet hat, als Beitrag zum Prozeß von Bildung zur Mündigkeit. Aufzunehmen ist aber gerade dabei die Warnung von seiten der Seelsorge, daß Schule nicht zur Totalinstitution pervertiert, die mit allen möglichen Erwartungen der Gesellschaft überfordert wird.[58] Gerade Schulseelsorge als eigenes Angebot neben Unterricht kann – von der Bildungsintention her gedacht – helfen zu verhindern, daß alle Probleme in der Schule pädagogisiert werden, kann wirksam vom Irrglauben oder auch vom Zwang entlasten, nur und vorzugsweise auf dem Wege über geregelte Lernprozesse Konflikte und Krisenerfahrungen steuern oder neutralisieren zu können. Das macht die Wahrnehmung seelsorgerlicher Intentionen im Unterricht, wie sie von Dienst und Riess zusammen mit vielen anderen erschlossen wurden, keineswegs überflüssig.

5. Schulseelsorge im Spannungsfeld moderner Differenzierungsprozesse

Die Differenzierungsproblematik war von Beginn an Leitfaden meiner Überlegungen. Sie ist abschließend noch einmal anzusprechen. Von Bedeutung scheint mir nämlich nicht allein die zweifellos wichtige Frage, wie Schulseelsorge im einzelnen zu orientieren und zu gestalten sei. Erheblich ist letztlich auch die Frage, nach welcher Logik sich dabei gesellschaftliche und kirchliche Entwicklungen vollziehen. Gerade daraus ergeben sich dann neue Optionen auch für die praktische Gestaltung von Schulseelsorge.
Schulseelsorge kann als ein weiterer Versuch verstanden werden, dem sozialen Wandel im Blick auf adäquate Organisation kirchlichen Handelns zu entsprechen, dem Grundgedanken evangelischer Lebenshilfe in

---

57 In einer Fundierung in diesem weiten theologischen Bildungsverständnis liegt wohl eine der Differenzen gegenüber katholischen Ansätzen von Schulseelsorge, die sich stärker auf den Sonderbereich der »religiösen Bildung« konzentrieren; vgl. dazu etwa *M.E. Kemper*, Schul- und Schülerseelsorge heute, in: *K. Baumgartner / P. Wehrle / J. Werbick* (Hg.), Glauben lernen – Leben lernen, St. Ottilien 1985, 518.
58 *D. Stollberg*, Artikel ›Seelsorge‹, in: *W. Böcker* u.a. (Hg.), Handbuch Religiöser Erziehung, Düsseldorf 1987, 236.

differenzierterer Weise als bisher im Blick auf unterschiedliche Situationen und Bedürfnisse der jeweiligen Adressaten Gestalt zu geben.
Zu fragen ist aber, ob Schulseelsorge in ihrer weiteren Arbeit unreflektiert der Ausgangsthese folgen soll, daß gesellschaftliche und kirchliche Differenzierungsschübe, also auch adressaten- und situationsspezifisches Handeln von Seelsorge, weitere Arbeitsbereiche erfordern. Immer fragwürdiger scheint mir, ob die latent mitschwingende Bewertung, daß Differenzierung Qualitätsverbesserung mit sich bringe, überhaupt generell zutrifft. Berücksichtigt man das, worauf sich die spezifischen Bemühungen um Schulseelsorge heute richten, so kann man darin vielmehr gerade die Dialektik und Überholungsbedürfigkeit einer Reihe von Differenzierungsprozessen, insbesondere derjenigen im Bereich moderner Erziehungsinstitutionen, identifizieren. Schule und Religionsunterricht in seelsorgerlicher Perspektive wahrzunehmen schärft kritisch den Blick für das, was in der Herausbildung moderner Unterrichtsschule zugunsten einer Verstärkung anderer Funktionen eher abgeblendet wurde. Wobei solche fortschreitende Spezialisierung schließlich selbst eine nicht mehr funktionierende Erziehungsinstitution erzeugt hat.
Die Entwicklung von Schulseelsorge müßte dann als Symptom für Kehrseiten und Mängel sich potenzierender Differenzierung verstanden werden, dem freilich nicht nur soziale Funktionen, sondern schließlich Menschen mit Bedürfnissen zum Opfer gefallen sind. Dazu gehören auch religiöse Bedürfnisse, die von Angeboten und im Rahmen von parochial verfaßter Kirche zunehmend weniger aufgefangen werden. Ist die Suche nach »gelebter Religion im Klassenzimmer« nicht selbst auch Produkt einer Differenzierung von Religion in Lehre, Ethik, rituelle Praxis usw., wobei man der Schule ganz bestimmte Funktionen zugeschoben hat?
Freilich, niemand soll sich Illusionen machen, man könne das Rad der Geschichte einfach zurückdrehen. Aber Aufgabe von Theorie und Gestaltung von Seelsorge in der Schule müßte neben vielem anderen auch sein, Wege zur produktiven Überwindung von Spezialisierungen zu suchen. Und dem könnte ein Berufsbild kompetenter Generalisten durchaus entsprechen.

Wilhelm Gräb

Die gestaltete Religion

Bizer'sche Konstruktionen zum Unterricht als homiletischer und liturgischer Übung

1. Wie lehren wir die christliche Religion?

Ich will in meinem Beitrag versuchen, Chr. Bizers Antwort auf diese Frage – so wie ich sie meine verstanden zu haben – zu rekonstruieren.
Chr. Bizer hat auf der Lehrbarkeit der christlichen Religion immer insistiert und in immer wieder neuen Ansätzen Verfahren zu ihrer unterrichtlichen Durchführung zu entwickeln versucht – auch wenn er nicht immer von »Religion« gesprochen hat. Dafür stand er in den 60er und 70er Jahren zu sehr noch unter dem Eindruck der Verbotstafeln, die die Dialektische Theologie vor den Eingängen zum Land der Religion aufgestellt hat. Auf Schleichwegen und inkognito hat Chr. Bizer es gleichwohl schon mit seiner Habilitationsschrift betreten[1].
Wie lehren wir die christliche Religion? Die Antwort auf diese Frage verlangt immer auch Auskunft darüber, wie das Religiös-Werden eines Menschen überhaupt vor sich geht und darin eingeschlossen natürlich auch, was Religion eigentlich ist.
Wer das herausfinden will, so Chr. Bizer in seiner mit dem Titel »Unterricht und Predigt« versehenen Habilitationsschrift, muß sich an die öffentlichen, gesellschaftlich manifesten Einrichtungen halten, in denen eine inhaltlich bestimmte Religion auf bestimmbare Weise gemacht, in Gesten und Worten, Texten und Zeichen gestaltet wird. Er muß sich hierzulande also insbesondere an Unterricht und Schule sowie an Gottesdienst und Predigt halten. Der Religionsunterricht in der gesellschaftsöffentlichen Schule und die Predigt der Kirche als der religiösen Institution in der Gesellschaft sind beobachtbare und beschreibbare Einrichtungen, die Aussagen darüber erlauben, wie das Symbolsystem der christlichen Religion in menschlichen Handlungen aufgebaut wird, wie deshalb auch, indem Menschen sich an diesem Aufbau mitbeteiligen, sich in ihn einbezogen finden, die christliche Religion gelernt wird. Hinter diesem Ansatz steht – wie ich meine – eine ziemlich weitreichende Grundentscheidung, die ich einleitend zu erläutern versuchen möchte.
Wer der Meinung ist, daß eine Religion an ihren gesellschaftlich manifesten Gestaltungs- und Vollzugsformen erkannt und dann vor allem auch in ihrer Wirkung auf die Lebensvorstellungen und -einstellungen

---

1 Vgl. *Chr. Bizer*, Unterricht und Predigt. Analysen und Skizzen zum Ansatz katechetischer Theologie, Gütersloh 1972.

der daran beteiligten Menschen beschrieben werden kann, der begreift die Religion als »kulturelles System«. Diesen Begriff hat der Ethnologe und Kulturanthropologe C. Geertz in Vorschlag gebracht[2], um den Sachverhalt zu bezeichnen, daß sich die Symbole und Riten einer bestimmten Religion als Vorstellungs-, Einstellungs- und Verhaltensmuster betrachten lassen, vermöge deren sich die soziokulturelle Wirklichkeit der Menschen mitkonstituiert. Die Symbole und Riten des gesellschaftlich manifesten, in seiner Semantik und Pragmatik beschreibbaren Religionssystems sind in einem quasi-transzendentalen Sinne wirklichkeitskonstitutiv. Sie generieren und prägen die Vorstellungen vom Leben und die Einstellungen zum Leben. Sie sind Modelle von und Modelle für Wirklichkeit. Sie richten sich auf die Wirklichkeit und diese zugleich auf sich aus. Sie rufen Stimmungen und Motivationen in den Menschen hervor. Sie geben die Interpretations- und Verhaltensschemata vor, mit denen Menschen ihre innere und äußere Wirklichkeit, ihre Selbstauffassung und Weltauslegung in einem für sie selbst bestimmbaren und anderen kommunizierbaren Sinne zu erbringen vermögen.

Freilich, das gilt auf der Linie eines solchen zeichentheoretischen und sprachpragmatischen Ansatzes für alle kulturellen Systeme, für das des common sense etwa ebenso wie für das der Religion. Was die Religion spezifisch kennzeichnet, sind solche Interpretationsschemata menschlicher Erfahrung, die diese im Horizont einer »allgemeinen Seinsordnung« auslegen[3], im Horizont dessen, was im Ganzen, in letzter Instanz gilt. Die Symbole und Riten des Kultursystems Religion deuten deshalb vor allem solche Erfahrungen und regulieren das menschliche Verhalten in solchen Situationen, die die alltagsweltliche Grundannahme radikal in Frage stellen, daß das Leben begreifbar und daß wir uns mit Hilfe des Denkens erfolgreich in ihm zurechtfinden können.

An mindestens drei Punkten wehrt die Religion nach C. Geertz mit ihren Symbolen und Riten dem naheliegenden Verdacht, daß die Welt im Ganzen vielleicht keine Ordnung und keinen Sinn aufweisen könne. Angesichts der Grenzen unserer analytischen Fähigkeiten, der Grenzen unserer Leidensfähigkeit und der Grenzen unserer ethischen Sicherheit. Angesichts dieser Grenzerfahrungen leugnet die Religion zwar nicht die ins Auge springenden Zweideutigkeiten, Rätsel und Widersinnigkeiten. Im Gegenteil, sie hebt sie mittels ihrer Symbole und Riten gerade hervor. Aber sie tut dies so, daß sie zugleich bestreitet, daß es aufs Ganze gesehen unerklärliche Ereignisse gebe, das Leben unerträglich und Gerechtigkeit ein Trugbild sei. C. Geertz drückt dies so aus, daß er sagt: Es geht der Religion darum, »die Unvermeidlichkeit von Unverständnis, Schmerz und Ungerechtigkeit im menschlichen Leben zu bejahen oder zumindest anzuerkennen, während gleichzeitig verneint wird, daß diese irrationalen Züge der Welt insgesamt eigen seien ... Es sind die religiö-

---

2 *C. Geertz*, Religion als kulturelles System, in: *ders*.: Dichte Beschreibung. Beiträge zum Verstehen kultureller Systeme, Frankfurt/M. ³1994, 44-95.
3 Vgl. ebd., 48.

sen Symbole – Symbole, die einen Zusammenhang schaffen zwischen dem Bereich des menschlichen Seins und einer weiteren Sphäre, die die menschliche umgreifen soll –, durch die sowohl diese Bejahung als auch diese Verneinung ausgedrückt werden.«[4]
Das über seine Symbole und Rituale beschreibbare Religionssystem funktioniert gesellschaftspraktisch also als Deutungskultur menschlicher Erfahrung im Horizont des Unbedingten. So zu funktionieren bedeutet nun allerdings gerade nicht primär, Glaubenssätze über das Wahre und unbedingt Gültige zu formulieren, um deren kognitive Anerkennung einzufordern. Und es bedeutet auch nicht, an Gefühle, Empfindungen, Einstellungen und Verhaltensweisen zu appellieren, mit dem Anspruch, ihnen auf religiöse Weise zu symbolisch-rituellem Ausdruck zu verhelfen. Religion als kulturelles System zu begreifen heißt vielmehr, ihre Symbole und Rituale dem semantischen und pragmatischen Inventar einer Sprache gleichen zu lassen, die Glaubenssätze erst formulierbar und schließlich auch Gefühle, Stimmungen, Einstellungen und Verhaltensweisen allererst als solche wahrnehmbar, somit auch bestimmbar und gestaltbar macht.

D.h. religiöse Erfahrungen, ein Betroffensein von Göttlichem, die Begegnung mit dem Heiligen, eine religiöse Realitätsauffassung sind nicht als etwas primär phänomenal Gegebenes anzusehen, nicht als etwas, das erst sekundär im Symbolsystem der Religion dargestellt, institutionalisiert und kommuniziert würde. Wer die Religionstheorie kulturell-sprachlich ansetzt, sieht es vielmehr gerade umgekehrt. Danach wird religiöse Erfahrung durch die Religion als Kultursystem allererst konstituiert. Und das Religiös-Werden eines Menschen hat dann nicht primär damit zu tun, daß er besondere Grenzerfahrungen oder Erfahrungen der Betroffenheit von Göttlichem macht, sondern damit, daß ihm das kulturell-sprachliche System der Religion bestimmte Interpretationsmuster sowohl zur Deutung wie zur Organisation seiner Erfahrung im Horizont des Unbedingten bereitstellt und er den Umgang mit diesen Mustern selber lernt.

Es gibt zahllose Gedanken, die wir nicht denken, Empfindungen, die wir nicht haben, Realitäten, die wir nicht wahrnehmen, ehe wir sie nicht zu bezeichnen in der Lage sind. So gesehen sind auch religiöse Zeichensysteme für die Wirklichkeit der Religion als subjektiver Erfahrung konstitutiv. Das sozio-kulturell manifeste Symbolsystem steht - subjektivitätstheoretisch gesprochen – auf der Ebene der transzendentalen Subjektivität als der Bedingung der Möglichkeit dafür, daß ich Vorstellungen, Gedanken, Absichten mir als die meinigen überhaupt zuzuschreiben in der Lage bin. Wenn das religiöse Symbolsystem auf die transzendentale Konstitutionsebene religiöser Erfahrung gehört, dann darf solche Erfahrung aber auch nicht zugleich zur Voraussetzung der Zugänglichkeit des Symbolsystems selber gemacht werden. Dann kommt das religiöse

---
4 Ebd., 72.

Symbolsystem gerade nicht als symbolische Manifestation einer vorgängigen religiösen Erfahrung, nicht als deren sekundäre Ausdruckskultur zu stehen.

Es ist dann eben umgekehrt. Gleich einer Kultur oder Sprache formt, prägt, konstituiert das kulturelle System der Religion die Stimmungen und Motive, die Einstellungen, die Selbst- und Weltauffassungen derer, die sich in ihm zu bewegen lernen. Dem kulturell-sprachlichen Ansatz folgend ist Religion – so könnte man demnach auch sagen – ein in symbolische Interpretations- und rituelle Verhaltensschemata gefaßtes System von Zeichen, das denjenigen, die den Gebrauch dieser Zeichen lernen, eine eigene religiöse Selbstauffassung und Weltauslegung ermöglicht, sie religiöse Erfahrungen machen, selber religiös werden läßt.

Wenn das aber die Wirklichkeit der Religion ist, durch einen entsprechenden Zeichengebrauch konstituiert zu sein, dann – so wäre weiter zu sagen – wird Religion lehrbar durch Anleitung zu dem Zeichengebrauch, der im kulturellen System der Religion geübt wird. Gelehrt wird sie primär dann nicht dadurch, daß ein theoretisches Wissen über das Kultursystem der Religion vermittelt wird, Informationen über sie als Kulturfaktor in Geschichte und Gegenwart gegeben werden. Gelehrt wird sie auch nicht durch die Vermittlung von Sätzen, in denen das Religionssystem selber sagt, was es über Gott und die Welt zu denken gilt, nicht durch die Vermittlung seiner Dogmatik und Glaubenslehren. Gelehrt wird die Religion dann vielmehr durch die Anleitung zu dem Gebrauch, den das Religionssystem von bestimmten Regeln macht, um Sätze bilden und Verhaltensweisen organisieren zu können, die religiöse Erfahrung als solche beschreibbar machen. Also in der Anleitung zum Mitvollzug der symbolisch-rituellen Religionspraxis wird Religion gelehrt. Und Anleitung zum Mitvollzug heißt Vermittlung von Regelkenntnissen und der Fertigkeiten ihrer Anwendung. Es heißt nicht Vermittlung der Sätze und ihres propositionalen Gehaltes, mit denen eine Religion ihre Lehren und Bekenntnisse ausspricht, heißt nicht bestimmte Glaubenssätze (auswendig)lernen zu lassen, weiterzugeben als so und nicht anders anzuerkennende Wahrheit.

Die Religion zu lehren durch Einübung in ihren Zeichengebrauch, das will im sprachpragmatischen Sinne nun vielmehr gerade so verstanden werden, daß es auf die Vermittlung grammatikalischer Regeln und eine Einübung in die Kunst von deren sinnerschließender Anwendung ankommt. Eine Religion zu lehren heißt die Grammatik, den Regelgebrauch zu lehren, der einen selber sagen läßt, wie man auf bestimmte Weise, etwa die christliche, religiös ist.

Die Grammatik einer Sprache lernt man an Beispielsätzen. Diese haben immer auch einen propositionalen Gehalt. Nicht darauf, daß dessen Wahrheitsgehalt vermittelt und angeeignet wird, kommt es im Grammatikunterricht aber an, sondern auf die Vermittlung des Regelwissens, von dem dann in der Bildung eigener Sätze – welchen propositionalen Gehaltes auch immer – Gebrauch gemacht werden kann.

So auch wird die Religion gelehrt: durch Einübung in den Gebrauch, den sie von ihren Symbolen und Ritualen zum Aufbau religiöser Erfahrung macht. Allerdings, der Akzent liegt auf dem Gebrauch, also in der Pragmatik. Die Einübung in den Gebrauch von Symbolen und Ritualen soll die Regeln vermitteln, die eine religiöse Konstruktion der Wirklichkeit ermöglichen. Es darf dabei nicht schon die Festlegung auf den propositionalen Gehalt von Glaubenssätzen und Verhaltensanweisungen passieren. Damit wäre der Lehrerfolg um seine Spitze gebracht. Er besteht in der Fähigkeit, selber sagen zu können, wie man auf die eine oder andere Weise religiös ist oder sich religiös verhält.

2. Das Konzept einer katechetischen Theologie

Wie lehren wir die christliche Religion? Chr. Bizer hat seine Antwort auf diese Frage mit dem Entwurf einer »katechetischen Theologie« zu geben versucht. Die katechetische Theologie sollte eine Theologie sein, die R. Kabischs Frage nach der Lehrbarkeit der christlichen Religion[5] wieder aufzunehmen erlaubt, ohne erneut das Programm einer unterrichtlichen Herstellung von Glaubensvorstellungen und Glaubenseinstellungen auf dem Wege der psychologischen Beeinflussung der Schüler durch die religiös gewinnende Lehrerpersönlichkeit auflegen zu müssen. Das Programm einer katechetischen Theologie, das ist der Versuch, die berechtigte Frage liberaler Religionspädagogik nach der Lehrbarkeit der christlichen Religion festzuhalten, sie aber nun gerade nicht mit einer religionspsychologisch inspirierten Methodik religiöser Erlebnisübertragung zu beantworten, sondern mit der Angabe von Unterscheidungsregeln, die die Theologie entwickelt hat, damit Menschen lernen können, wie man auf die eine oder andere Weise religiös ist bzw. sich religiös verhält.
Es sind Unterscheidungsregeln, die die christliche Religion lehrbar machen. Sie zeigen, woran der Glaube sich hält und wovon er frei macht. Wer diese Unterscheidungsregeln lernt, dem allererst werden Sätze möglich, die zu sagen erlauben, was das überhaupt ist, christlicher Glaube, und was nicht. Um solche Unterscheidungsregeln zu lehren und zu lernen, ist deshalb Glaube nicht schon mitzubringen, weder als subjektive Disposition, Einstellung oder Haltung noch in Gestalt objektiv anzuerkennender Lehrsätze, Glaubensbekenntnisse oder Katechismen. Daß Glaubenssätze so formulierbar werden, daß in der Zustimmung zu ihnen möglicherweise Glaube entsteht und Glaube dennoch nicht als Verpflichtung auf eine bestimmte Haltung oder die Anerkennung bestimmter Glaubenssätze erscheint, eben dazu soll eine katechetische Theologie verhelfen, die jenes Regelwissen lehrt, in dessen Gebrauch zustimmungsfähige Glaubenssätze und die Bereitschaft, ihnen im Lebensvollzug zu gehorchen, zustandekommen können.

---

5 Vgl. *R. Kabisch*, Wie lehren wir Religion?, Göttingen 1910.

Chr. Bizer hat das Regelwissen, das eine katechetische Theologie zu entwickeln hat, um vermittels seiner die christliche Religion lehrbar zu machen, an dem Gebrauch abgelesen, den Luther in seinen Predigten von der Rechtfertigungslehre gemacht hat[6]. Er hat Beschreibungen davon angefertigt, wie Luther die Unterscheidung von Gesetz und Evangelium als Regel für ein homiletisches Verfahren gebraucht hat, das eine Predigt hervorbringt, die zeigt, woran der Glaube sich hält, was ihn möglich macht und verlangt und was nicht. Katechetische Theologie ist nicht eine Theologie, die lehrt, was zu glauben ist, somit auch nicht eine Theologie, die selber Glauben beansprucht, weder als Voraussetzung ihres Tuns noch unmittelbar als dessen Folge. Katechetische Theologie ist eine Theologie, die die Grammatik des Glaubens lehrt, also Regeln, in deren Gebrauch Sätze entwickelt werden können, die Glauben verdient hätten. Unter Berufung auf Melanchthon, den »Erzschulmeister des Protestantismus«[7], nannte Chr. Bizer solche Sätze Verheißungssätze. Entscheidend sollte dabei für eine katechetische Theologie allerdings immer sein, daß sie solche Sätze nicht als durch die Bibel vorgegeben zu glauben lehrt, sondern mit der Unterscheidung von Gesetz (dem, was bindet) und Evangelium (dem, was Freiheit schafft) die Regel entwickelt, in deren rechter Anwendung solche Sätze heute zu bauen sind. Sätze, die Zwänge aufdecken und als Zusage vorbehaltloser Freiheit gesagt und gehört werden können. Sätze, in denen der gekreuzigte Christus eine glaubbare Gestalt gewinnt[8].

Aber wird in der evangelischen Kirche nicht genau so die Aufgabe evangelischer Predigt verstanden? Führt katechetische Theologie also nicht doch eher zur Predigt der Kirche als zum Unterricht in der Schule? Es mag auf den ersten Blick so aussehen. Aber doch nur deshalb, weil katechetische Theologie nun eben auch nach einer Homiletik verlangt, die selber eine didaktische Struktur hat, verbunden mit keinem geringeren Anspruch als eben dem, die christliche Religion lehrbar zu machen, zu zeigen, wie solche Verheißungssätze zu entwickeln sind, an denen Glaube möglicherweise entstehen kann.

Chr. Bizer konnte seinerseits, als er an »Unterricht und Predigt« arbeitete, eine solche Homiletik nicht auffinden[9]. Er traf vielmehr auf eine Homiletik, die er vom Regelwissen einer katechetischen Theologie gerade keinen Gebrauch machen sah. Der Glaube sollte – angeblich guten theologischen Gründen folgend – ja nicht als Werk des Menschen zu stehen kommen, sondern Gottes Sache in der Kraft seines Geistes bleiben. Kabischs Frage war damit schon im Ansatz erledigt – Ausdruck re-

---

6 Vgl. *Bizer*, Unterricht und Predigt, 106-137.
7 *Bizer*, Verheißung als religionspädagogische Kategorie. Eine fachdidaktisch-konzeptionelle Skizze, in: PTh 68 (1979) 347-358, Zitat 347.
8 Vgl. *Bizers* Kriterien für die Bildung von Verheißungssätzen »auf der Ebene einer Lehrertheologie«, ebd., 356f.
9 So sein Eingeständnis in der öffentlichen Habilitationsvorlesung in Marburg am 26.1.1971, vgl. Homiletik und Didaktik, in: WPKG 61 (1972) 80-89.

ligiösen Machbarkeitswahns. Ebenso war damit aber auch einer Homiletik, die die christliche Religion lehrbar macht, der Weg abgeschnitten. Ebenso war damit die Chance verspielt, die die katechetische Theologie gerade zeigen wollte, daß sich nämlich Homiletik und Didaktik füreinander öffnen können. Homiletik erkennt, daß es um *Lehrbarkeit* der Religion geht, und Didaktik erkennt, daß es um Lehrbarkeit der *Religion* geht.

Auch das Konzept katechetischer Theologie will nicht zu dem von R. Kabisch zurück. Katechetische Theologie insistiert jedoch auf Unterscheidungen. Sie insistiert darauf, daß die Lehrbarkeit der christlichen Religion nicht mit der pädagogisch-intentionalen Erwirkbarkeit von Glauben im Sinne subjektiver Vorstellungen, Einstellungen und Überzeugungen gleichgesetzt wird. Dies ablehnend, worauf auch katechetische Theologie insistiert, bleibt gleichwohl die Möglichkeit, die Lehrbarkeit der christlichen Religion eben mit dem Verweis darauf zu behaupten, daß sie gar nicht die direkte Vermittlung von Glauben meint, sondern die Vermittlung eines Regelwissens, das Sätze zustande bringen läßt, an denen möglicherweise Glaube entstehen kann. Katechetische Theologie will zeigen, wie solche Zeichen und Zeichenkombinationen, Verheißungen – mit Melanchthon gesprochen – in möglichst konkreten Verbalaktionen aufzubauen sind. Werden solche Verbalaktionen zur gottesdienstlichen Predigt, erfüllt katechetische Theologie somit die Aufgabe einer Homiletik, die sich mit nichts Geringerem als mit der Anleitung zur Anwendung eines Regelwissens zufriedengibt, das glaubwürdige Verheißungssätze zustande bringen kann. Wir hätten eine Homiletik, die zugleich als Religionsdidaktik aufzutreten in der Lage ist, als Lehre, die zeigt, wie die christliche Religion lehrbar ist. Nun allerdings – aufgrund der didaktischen Struktur dieser Homiletik – nicht nur in der Kirche, sondern ebenso auch in der Schule.

Daß diese Übertragung von der Predigt auf den Unterricht möglich sei, dem freilich stehen auch Vorbehalte von seiten der Schule entgegen. Sie decken sich auffällig mit einer Einschätzung der Aufgabe gottesdienstlicher Predigt, wie sie weithin auch die Homiletik hat erkennen lassen. Predigt, da geht es doch um übermächtige Erfahrungen eines Wortgeschehens, um Entscheidungen des Glaubens, um das Wirken des Hl. Geistes. Alles Dinge, die der Lehrbarkeit der christlichen Religion die Grenzen setzen und die deshalb in der Schule auch keinen Platz haben.

3. Katechetische Theologie als Konzept für eine schulische Religionsdidaktik

Katechetische Theologie möchte zeigen, daß und wie die kirchliche Religion lehrbar ist, um eben diese Religion auch am Ort der Schule lehren zu können. Mit der kirchlichen Religion stoßen wir auf die Religion als kulturelles System. Wer das Land der Religion sucht, der muß sonntagmorgens die Exkursion in einen Gottesdienst machen[10]. Dort kann er Beobachtungen anstellen, die ihn Beschreibungen davon anfertigen lassen, wie diese Religion inszeniert wird, von welchen Symbolen und Ritualen dort Gebrauch gemacht wird, um sich auf die Wirklichkeit und die Wirklichkeit auf sich auszurichten.

Wer solche Beschreibungen anfertigen lernt, der lernt Religion. Darauf insistiert katechetische Theologie. Sie versteht ihre Aufgabe deshalb dahin, zu solchen Beschreibungen anzuleiten, aufmerksam zu machen auf das, worauf es zu achten gilt, Hinweise zu geben vor allem auf Regeln, die die Inszenierung symbolischer und ritueller Vollzüge auf bestimmbare Weise steuern.

Daß auf diese Weise tatsächlich Religion gelernt wird, das ist der Hauptgesichtspunkt katechetischer Theologie. Von ihm her begründet sie auch ihre Zuständigkeit für die schulische Religionsdidaktik. Den Religionsunterricht in der Schule beansprucht sie damit zugleich aus einem doppelten Dilemma und dessen wechselseitiger Verstärkung zu befreien, nämlich entweder die Wirklichkeit der Religion immer nur außerhalb seiner selbst sich vorauszusetzen oder sie in die abstrakte Geistigkeit religiös motivierter Schülerfragen zu verflüchtigen.

Ein Religionsunterricht, der die Wirklichkeit der Religion als außerhalb seiner gegebenen sich voraussetzt, wird mit der Zugehörigkeit des Christentums zur Herkunftskultur der geschichtlichen Welt, in der wir leben, argumentieren – wie dies seinerzeit die Entwürfe eines hermeneutischen RU getan haben[11]. Als zur Herkunftskultur auch noch der gesellschaftlichen Gegenwart gehörig, ist der Bildungsauftrag der Schule ohne die Vermittlung des Verständnisses auch für die geschichtlichen Überlieferungen des Christentums nicht zu erfüllen. Man kann dann das Verstehen dieser geschichtlichen Überlieferung auch zur kritischen Reflexionsarbeit steigern, kann am Leitfaden aufgeklärter Prinzipien von humaner Selbstbestimmungsfähigkeit den Unterricht in der Religion auch zu deren Kritik machen wollen – immer ist die Voraussetzung dieses Unterrichts die, daß es die Religion als kulturelle Wirklichkeit gibt. Weil es sie gibt, kann der Unterricht sie zum Gegenstand seines Verstehens und seiner Kritik machen.

Daß genau auf diesem Wege des Verstehens und der Kritik, des Beschreibens der Religion in ihrem kulturpraktischen Vorkommen, des Auffindens der Regeln, nach denen sie dort gemacht wird, sie auch eine Wirklichkeit für die Schüler werden könnte, damit rechnet dieses Konzept freilich gerade nicht. Denn eben die Wirklichkeit der Religion wird mit Glaubenseinstellungen, -vorstellungen, -haltungen, -überzeugungen gleichgesetzt, oder vorsichtiger, mit religiösen Fragen und Interessen. Wenn die Wirklichkeit der Religion also selber im Unterricht vor-

---

10 Vgl. *Bizer*, Liturgik und Didaktik, in: JRP 5 (1988) 83-111. Davor aber auch schon *ders.*, Von der Vermittlung des Glaubens. Religionsdidaktische Etüden, in: EvErz 36 (1984) 158-168.
11 Vgl. insbesondere *J. Stallmann*, Christentum und Schule, Stuttgart 1958.

kommt, dann in Gestalt der Einstellungen, Haltungen, Überzeugungen, die Lehrer und Schüler aufgrund ihrer religiösen Sozialisation, also ihrer mehr oder weniger prägenden Formierung durch die geschichtliche Welt des Christentums in den Unterricht mitbringen. Was sie so als ihre subjektive Religion in den Unterricht mitbringen, kann dann da, sofern es seine Äußerungs- und Darstellungsformen findet, ebenfalls wieder zum Gegenstand von Verstehen und Kritik werden.

Wo ein Verständnis von der Wirklichkeit der Religion leitend ist, wonach diese sich in übermächtigenden Betroffenheitserfahrungen, in persönlicher Entscheidungshaftigkeit, in Haltungen und Überzeugungen einstellt, da muß sie in einer auf Verstehen, Rationalität, Kritik setzenden, sich von ihrem Bildungsauftrag her begründenden Schule außerhalb bleiben, da müssen die Schule und ihr Religionsunterricht ihren Standpunkt gleichsam immer über dem Christentum nehmen, um es zu seinem Gegenstand zu machen.

Dieser Standpunkt über dem Christentum hängt mit dem erlebnisorientierten Religionsverständnis zusammen. Der Religionsunterricht der Schule kommt – sofern er es denn will – von diesem Standpunkt deshalb auch nicht dadurch wieder herunter, daß er – wie dies im Unterschied zu den 60er und 70er Jahren heute stärker gefordert wird – die gelebte Nähe zur kirchlichen Religionsausübung sucht[12]. Nicht durch Gemeindepädagogik, nicht durch Programme zur Einübung in die Kultpraxis und die Gesellungsformen des real existierenden Kirchentums wird man den Religionsunterricht der Schule dazu bringen können, seinen luftigen Standpunkt über dem Christentum aufzugeben. Der mit der kirchlichen Religionsausübung verbundene und vom Programm der »Evangelischen Unterweisung« unterstrichene Verpflichtungsanspruch, die Festlegung darauf, Glaubenssätze so, wie vorgegeben, anzuerkennen und Verhaltensweisen so, wie gewohnt, mitvollziehen zu müssen, waren es ja gerade, wodurch sich der Religionsunterricht als kritischer Unterricht an einer öffentlichen Schule in seinen Standpunkt oberhalb gedrängt sah.

Katechetische Theologie schlägt einen anderen Weg vor. Sie behaftet den Religionsunterricht der Schule bei seinem Standpunkt oberhalb des Christentums, beläßt ihm somit auch seine Reflexivität, seine kritische Distanz, sein Probierverhalten gegenüber der gelebten Religion. Zugleich setzt sie jedoch darauf, daß dem Religionsunterricht in der Schule, indem er die Religion in ihrem sozio-kulturellen Vorkommen zu seinem Thema macht, die Schüler nicht im vagen, nur abstraktiv-gedanklich zu fassenden Vorfeld ihrer Wirklichkeit bleiben, sondern in diese selber Einblick erhalten, indem sie lernen, wie sie gemacht wird. Gemacht wird sie in der Errichtung eines Gebäudes von Worten, in Zeichen und Gesten, in all den Verhaltenssequenzen, in denen sich die Religionskultur, der religiöse Kultraum auf beschreibbare Weise gestaltet.

---

12 Vgl. *K. Meyer zu Uptrup*, Liturgie und Katechese, in: JLH 26 (1982) 1-19.

Das Regelwissen, von dem bei diesen Gestaltungsvorgängen Gebrauch zu machen ist, entwickelt die Theologie mit ihrer Homiletik und Liturgik. Katechetische Theologie, die die christliche Religion auf dem Wege lehrbar machen will, daß sie zum Gebrauch des ihre symbolisch-rituelle Wirklichkeit konstituierenden Regelwissens anleitet, versucht deshalb im Grund nichts anderes, als die Religionsdidaktik für die Fragestellungen der Homiletik und Liturgik zu öffnen. Und umgekehrt macht sie Homiletik und Liturgik auf deren offene Flanke hin zu den Fragen der Religionsdidaktik aufmerksam.

4. Religionsunterricht als homiletische und liturgische Übung

Homiletik und Liturgik lassen sich als die praktischen Kunstlehren einer katechetischen Theologie verstehen. Als solche lehren sie ein Regelwissen und die Kunst seiner Anwendung. Als Lehren, wie eine religiöse Rede zu entwerfen und religiöses Verhalten zu organisieren ist, leiten sie zur Hervorbringung eines Sets von Zeichen an, in deren Gebrauch sich für Menschen die Wirklichkeit ihrer Religion konstituiert, sie zu einer Deutung ihrer Erfahrung im Horizont des Unbedingten finden. Homiletik und Liturgik als Kunstlehren katechetischer Theologie enthalten mit ihren Unterscheidungs- und Verhaltensregeln die Anweisungen zum Aufbau einer bestimmten Religionskultur. Sie stehen also nicht schon für diese selbst und gehen auch nicht in der Anwendung auf, die faktisch – etwa in der kirchlichen Religionspraxis – von diesen Regeln gemacht wird. Die Funktion der Lehre, als welche katechetische Theologie und in ihrem Rahmen Homiletik und Liturgik als didaktische Kunstlehren zu entwickeln sind, besteht gerade darin, die Grammatik, also die Unterscheidungs- und Verhaltensregeln von deren Gebrauch und Anwendung in der Bildung inhaltlicher Sätze und Verhaltensweisen noch einmal unterschieden zu halten.
Der Vorschlag, Religionsunterricht als homiletische und liturgische Übung zu initiieren, läuft also weder auf ein Programm der Einübung in die Verhaltenssequenzen und Redeformen der kirchlichen Gottesdienstpraxis hinaus, noch gar darauf, Vertrautheit mit geprägter Form religiöser Praxis aus Familie und Kirche in den Religionsunterricht bereits mitbringen zu müssen.
Ausflüge in das Land der Religion, in die kirchliche Kultpraxis, werden zu einem solchen Unterricht gleichwohl gehören. Aber nicht um in die dort vorgegebenen und praktizierten Rede- und Verhaltensmuster einzuüben, sondern um den homiletischen und liturgischen Regieanweisungen auf die Spur zu kommen, von denen dort Gebrauch gemacht wird. Worauf es einem Unterricht als homiletischer und liturgischer Übung schließlich gerade ankommt, ist, die Schüler/innen diese Regieanweisungen selber in Anwendung bringen zu lassen. Sie selber sollen sich in kritisch-konstruktivem Probierverhalten in dem Entwurf von Gebeten, Reinigungsriten, Mahlfeiern, der Auslegung Heiliger Schriften üben

können. Sie sollen auf diese Weise herausfinden können, daß sich in solchen Gestaltungsprozessen Deutungs- und Verhaltensmuster aufbauen, die eigenes und fremdes Erleben und Handeln als christlich-religiöses interpretierbar und generierbar machen.
Katechetische Theologie führt zu einer Religionsdidaktik – so könnte man daher auch sagen –, die die Entklerikalisierung von Homiletik und Didaktik betreibt, indem sie Schüler/innen deren Regelwissen vermittelt und es durch Schüler/innen in der eigenaktiven Gestaltung symbolisch-ritueller Religionspraxis auch zur Anwendung bringen läßt.
Aufgabe des Lehrers / der Lehrerin ist es in einem solchen Religionsunterricht vor allem, Hinweise auf die Regieanweisung, auf die Grammatik zu geben, in deren Gebrauch die christliche Religion ihre Glaubenssätze und kultischen Verhaltenssequenzen bildet. Daß für solche Sätze z.B. der Christusbezug konstitutiv ist, das Setzen von Verheißungen, die vorbehaltlos Freiheit zustellen und gegen Zwänge einzutauschen erlauben. Daß es um Verhaltenssequenzen geht, in denen Zwänge und Ängste in Formen der Klage benannt und der Segen denen erteilt wird, die davon loskommen werden. Daß Gott als gegenwärtig in Anspruch genommen wird, indem sein dreieiniger Name gelobt wird. Nicht allein die Sätze, die im Gottesdienst gesagt werden, sollen die Schüler/innen lernen. Der Unterricht soll ihnen darüber hinaus auf die Spur der Schematismen verhelfen, mit denen sie gebildet werden, damit sie selber zu Sätzen finden und ein Verhalten ausbilden können, in denen die christliche Religion so sagbar und gestaltbar wird, daß sie diese sich dann vielleicht auch als die eigene zuschreiben können.
Gottesdienst und Predigt, die Liturgie der Kirche stehen dabei immer nur als Exempel, dem Beispielsatz im Grammatikbuch vergleichbar. Als ein solches Exempel gestalteter Religion stehen sie heute allerdings keineswegs alternativlos da. Auch dafür hat katechetische Theologie ein Auge. Nichts liegt ihr ferner, als die Religionsdidaktik in kirchentümliche Enge zu führen. Katechetische Theologie veranlaßte in den 70er Jahren beispielsweise Schüler/innen dazu, die Grammatik von Verheißungssätzen auch an Stellenannoncen, die ganz Hessen haben aufhorchen lassen, herauszuarbeiten[13].
Heute läge es ihr vermutlich näher, Schüler/innen etwa den Urlaubskatalog der TUI, der »Zeit für Gefühle« verspricht, zur Hand nehmen zu lassen[14]. Wenn das Land der Religion, in das die Kirche mit ihrem Gottesdienst und ihrer Predigt entführen möchte, für die Schüler/innen allzu weit weg liegen sollte, könnten die Schüler/innen z.B. mit diesem Katalog in der Hand lernen, wie die Grammatik aussieht, mit der religiöse Sätze heute gebildet werden. Der Katalog enthält Bilder und Texte, die ebenso diese Grammatik verraten, wie sie deren Ingebrauchnahme zur Gestaltung einer heute attraktiven Kultpraxis vorführen. Es sind Bilder

---

13 Vgl. *Bizer*, Verheißung, 349-352.
14 Vgl. Unternehmensgruppe TUI (Hg.), Robinson, Zeit für Gefühle, Sommer 1995.

und Texte, die die Unterbrechung des Alltags, die die meisten Menschen eben nicht im sonntäglichen Gottesdienst, sondern mit der Urlaubsreise erleben, als eine Zeit interpretieren, in der Sinnvolles sich erschließt, Menschen zu sich selbst und zueinander finden, den Einklang mit der Schöpfung, der umgreifenden Ordnung des Seins, erfahren werden.
Das bieten die Robinson-Clubreisen, doch ohne verpflichtende Auflagen. Diesem Vorurteil sehen sich Clubreisen vielfach noch ausgesetzt. Deshalb soll der professionelle Begleiter durch das TUI-Club-Programm auch gleich einen neuen Namen erhalten: eben Robin. Robin wird vorgestellt, von einem, der ihn bereits als Lehrer der neuen Club-Religion erlebt hat. Die Vorstellung Robins fungiert gleichsam als Introitus-Psalm in der Agenda des neuen Clubgottesdienstes:

»Mein Freund ist
ROBIN.
Er begleitet mich auf Entdeckungsreisen.
Er hört mir zu und spricht mit mir.
Oft ist er mein guter Lehrer,
hilft mir beim Ausprobieren neuerlernter Aktivitäten.
Er macht mich mit tollen Leuten bekannt.
Manchmal kocht er auch,
legt meine Lieblingsplatten auf,
oder inszeniert Theaterstücke,
die wir zusammen spielen können.
Aber er kann auch ›loslassen‹.
Bei ihm muß ich nichts, was ich nicht will.
Er findet es abwertend,
wie ihn viele bisher nannten:
Animateur.
Obwohl in diesem Wort,
ANIMA,
die Seele vorkommt,
haftet daran das Vorurteil des Zwanges.
Und weil er einer meiner besten Freunde ist,
habe ich ihm einen neuen Namen gegeben:
ROBIN.«[15]

Das ist der neue Name, der für Verheißung steht, für die Entlassung aus Zwängen, die Zustellung vorbehaltloser Freiheit, für einen Sprachgesell auch in der Einsamkeit. Das alles wird sich in einem Urlaub erfüllen, der mehr zu bieten hat als Sonne, Wind und Meer, üppiges Essen und heiße Diskoabende. Hinzu tritt eben die liturgische Gestaltung, die symbolische Deutung, die ästhetische Inszenierung.
Essen und Trinken werden zum Heiligen Mahl, zur Lebenserneuerung:

---

15 Ebd., 22.

> »Schwarze Oliven
> Die Kraft,
> das Nährende.
> Der Geist,
> Öl.
> Das Heilige – die Salbung.
> Gesund, gewappnet trete ich Dir
> entgegen – Leben«.[16]

Das Bad in Sonne und Meer wird zur Wiedergeburt. Es weckt neuen Lebensmut:

> »Was soll ich tun?
> Lebe gefährlich und wild!
> Und laß Dir dabei die Sonnenseiten
> des Lebens nicht entgehen.
> Werde mutig, trau Dich zu leben –
> und verstecke Deine Emotionen nicht.
> Werd' erwachsen, ohne den Zauber
> der Kindheit zu verlieren.
> Lebe alle Deine Facetten, laß Deine
> Freunde durch sie wandern,
> wie das Licht hindurch sich bricht.
> Habe den Mut, zu lieben«.[17]

Das Wellness-Programm führt zur Erneuerung von Körper und Geist:

> »Meditierend das Ich erfahren,
> alle Sinne strömen lassen.
> Den Körper verwöhnen
> und die Aura pflegen.
> Nahrung als Quelle begreifen.
> Durchgeistigte Momente erfahren
> Ausdruck in Kunst verwandeln,
> und Träume auf Seide malen.
> Im Einklang mit der Schöpfung sein«.[18]

Die Verfasser des Urlaubskatalogs der TUI haben offensichtlich gelernt, wie die Religion als kulturelles System funktioniert, daß sie mit der Verheißung arbeitet, die Gegenwart des ganzen ungeteilten Daseins zur Darstellung zu bringen. Allerdings, die für die Selbstverständigung christlichen Glaubens konstitutive Unterscheidungsregel, die die Dissonanzen und Zwänge aufdecken heißt, die gegen Freiheit allererst einzutauschen sind, das Kreuzeszeichen, das auf den Opfertod Jesu am Kreuz verweist, dürfte den Lehrern und Lehrerinnen der christlichen Religion dabei zu Recht nicht hinreichend beachtet sein. Der neue Name, Robin,

---

16 Ebd., 24.
17 Ebd., 36.
18 Ebd., 33.

steht zweifellos auch für diese Transformation in der Religionskultur, die Negativitätserfahrungen eher eskamotiert, als daß sie sie zur Deutung bringt. Dennoch, die meisten Sätze dieses Urlaubskataloges, der »Zeit für Gefühle« verheißt, könnten auch auf Einladungsschreiben für spirituelle work-shops in evangelischen Akademien und religionspädagogischen Instituten stehen.

Besser als biblische Texte oder gar Agende I dürfte das Club-Programm der TUI – weil es die Religion nicht im kirchlichen Abseits präsentiert – jedenfalls dazu geeignet sein, nicht Schüler/innen dessen Verheißungen glauben zu machen – der Club-Urlaub dürfte wohl auch kaum halten, was der Katalog verspricht –, sehr wohl aber, sie die Regeln finden zu lassen, mit denen sie gebildet werden. Und wenn sie diese in die Hand bekommen, dann dürften sie auch dem Regelsystem der kirchlichen Religionskultur auf die Spur kommen wollen, vielleicht sogar, um es in der kritischen Konfrontation mit den Regeln der TUI-Club-Religion selber in Gebrauch zu nehmen – also ein eigenes Kirchen-Club-Programm zu entwerfen. Davon wiederum könnte dann, wenn sich die Pfarrer und Pfarrerinnen und die Gemeinden nur darauf einlassen, vielleicht sogar die Gestaltung der regelmäßig stattfindenden sonntäglichen Gottesdienste profitieren.

Michael Meyer-Blanck

Liturgik und Didaktik – die Religion in Form
Zur Frage liturgischer Elemente im schulischen Religionsunterricht

Zum Verhältnis von Kunst und Religion wird mit Recht des öfteren ein Diktum von Gottfried Benn zitiert: »Gott ist ein schlechtes Stilprinzip.«[1] Analoges wird man für das »und« im Titel dieses Beitrages in Anschlag bringen können: Die Liturgie scheint ein schlechtes Didaktikprinzip zu sein. Die Liturgik denkt in großen Zeiträumen und Zusammenhängen. Die individuellen und aktuellen Fragen treten in den Hintergrund, und an erster Stelle steht generell nicht die Haltung des Fragens, sondern diejenige des Schauens und Einstimmens, des Mitvollziehens des heiligen Geschehens, welches in der liturgischen Form gegenwärtig ist. Zwar muß auch die Liturgie gelernt werden, und man lernt gewiß auch etwas aus der Liturgie – aber zum Verständnis des Lehrens und Lernens in der gegenwärtigen Religionsdidaktik[2] bestehen von der Liturgik her gesehen, gelinde gesagt, gewisse Unterschiede.

Zur Begründung meines Themas kann ich nun allerdings auf Christoph Bizer verweisen, der mit seinem großen Aufsatz von 1988 nicht nur für den Titel, sondern auch für den Untertitel verantwortlich zeichnet. Er hat dort den Gedanken ins Spiel gebracht, daß der Begriff Form »sowohl eine pädagogische als auch eine liturgische Kategorie« ist.[3] Um die Lebensvollzüge von konkreten, das heißt von leiblich agierenden Menschen anklingen zu lassen, spitze ich noch etwas zu: Wer die christliche Religion lehrt, hat es mit der Religion »in Form« zu tun, oder etwas anstößiger: Wer die christliche Religion lehrt, muß diese in Form bringen, weil sonst kein Mensch in Form kommt – oder wieder etwas weniger anstößig: weil anders niemand religiös gebildet wird.[4] Ich konfrontiere

---

1 *G. Benn*, GW Bd.8, München 1975, S.1877; zitiert nach: *K. Koch*, Liturgie und Theater. Theologische Fragmente zu einem vernachlässigten Thema, in: Stimmen der Zeit 120 (1995) Heft 1, 3-17, Zitat 3.
2 Vgl. etwa: *G. Lämmermann*, Grundriß der Religionsdidaktik, Stuttgart 1991, der von »der Annahme eines Primats der Didaktik« ausgeht (11) und »im Rahmen einer »konstruktiv-kritischen Religionsdidaktik« den Glauben definiert »*als eine Form der Reflexion, mithin als denkenden, kritischen Glauben.* Aufgabe des RUs ist deshalb, das Denken im Glauben anzuleiten und nicht zu einer neuen naiven Unmittelbarkeit zu führen,...« (169, Hervorhebungen im Original).
3 *Chr. Bizer*, Liturgik und Didaktik, in: JRP 5 (1988) 83-111, Zitat 108.
4 Betreffs des Bildungsbegriffs als zentrale religionspädagogische Kategorie scheint sich gegenwärtig fast ein Konsens abzuzeichnen: vgl. etwa *Lämmermann*, Grundriß, 166-171; *K.E. Nipkow*, Bildung als Lebensbegleitung und Erneuerung. Kirchliche Bildungsverantwortung in Gemeinde und Schule und Gesellschaft, Gütersloh ²1992, bes. 25-61, und: Loccumer Thesen des Kollegiums des Religionspäd-

meine These zunächst mit einigen Stimmen aus der gegenwärtigen religionspädagogischen[5] Diskussion und unterrichtlichen Praxis.

1. Förmliche Ablehnung, formlose Ignoranz, formaler Überschwang: Wie die Liturgie als Lernchance bewertet wird

Viele Lehrerinnen und Lehrer sind mißtrauisch gegenüber der Liturgie, mindestens was die Schule betrifft. Sie argwöhnen die Wiederkehr der »Evangelischen Unterweisung«, des Programms »Kirche in der Schule« oder gar der geistlichen Schulaufsicht. Einer Befragung niedersächsischer Religionslehrerinnen und Religionslehrer von 1985 ist zu entnehmen, daß damals die Ablehnung von Schulgottesdienst wie von »Evangelischer Unterweisung« eindeutig korrelierte.[6]
Eine schriftliche Befragung von Religionslehrerinnen und Religionslehrern der Oberstufe in Hamburg im Jahre 1985 ergab, daß die Vorgabe »Anregungen zur Frömmigkeitspraxis« im RU bei zehn vorgeschlagenen Themen für Fortbildungen an letzter Stelle rangierte.[7] Bei den Vorgaben über das Selbstverständnis von Religionslehrern an letzter Stelle landete das Item: »zu religiöser Erfahrung anleiten«[8]. Durch die Symboldidaktik könnte sich an dieser Einschätzung in den letzten zehn Jahren partiell etwas geändert haben. Dennoch wird man vermuten können, daß auch heute die meisten Kolleginnen und Kollegen nicht «Religions-Lehrer«(im Sinne des Lernens aus religiöser Praxis) sein wollen, sondern eher »Identitäts-Lehrer« oder »Sozialitäts-Lehrer«. Den Spitzenzielen »Anregung für individuelle Bewußtseinsprozesse«[9] bzw. «Widerstand gegen Unmenschlichkeit; Religiöse und politische Tole-

---

agogischen Instituts Loccum. Religion, Bildung und Religionspädagogik, in: Loccumer Pelikan (1994) Heft 3, 35-39.
5 Ich bezeichne mit dem Begriff »religionspädagogisch» das religiöse Lernen in Schule und Gemeinde, welches begrifflich von der »Religionspädagogik« zu reflektieren ist, welche in »Religionsdidaktik« (Schule) und »Gemeindepädagogik« zu gliedern ist.
6 *A. Feige*, Christliche Tradition auf der Schulbank, in: *A. Feige / K.E. Nipkow*, Religionslehrer sein heute. Empirische und theoretische Überlegungen zur Religionslehrerschaft zwischen Kirche und Staat, Münster 1988, 5-61, dort 20: »Wer gegen Schulgottesdienst votiert, tut dies auch überdurchschnittlich häufig gegen das Konzept ›Evangelische Unterweisung‹ und vice versa.« Die »Einübung in den christlichen Glauben« fand zwar bezüglich des Konfirmandenunterrichts, nicht aber bezüglich des schulischen Religionsunterrichts hohe Akzeptanz (ebd., 27). Weiter wurde festgestellt, daß Schulgebet und Schulgottesdienst von denjenigen Lehrerinnen und Lehrern positiver gesehen werden, welche mit dem Pfarrer der Ortsgemeinde Kontakt haben (ebd., 30: dies waren knapp 40% der Befragten).
7 *K. Langer*, Warum noch Religionsunterricht? Religiosität und Perspektiven von Religionspädagogen heute, Gütersloh 1989, 210.
8 Ebd., 247.
9 Das am meisten gewählte Item (»RU sollte sein...«) von 15 vorgegebenen bei *Feige*, Christliche Tradition, 22.

ranz«[10] dürfte auch heute wesentlich mehr zugestimmt werden als der Formulierung »die christliche Religion lehren« oder gar einer daraus folgenden liturgischen Praxis im Religionsunterricht.[11]
Doch wird man urteilen müssen: Der Verzicht auf liturgische Elemente ist nicht nur eine Befreiung von klerikalem Formzwang, sondern hat auch die Reduktion von Religion auf Bewußtseinsphänomene und auf Innerlichkeit verstärkt. So beklagt der (katholische) Münsteraner Pastoraltheologe Dieter Emeis:
»[...] Die Rücknahme dressierender Maßnahmen in Elternhaus, Schule und Kirche ist nicht einhergegangen mit Bemühungen um psychomotorische Lernprozesse, in denen innere Einstellungen [...] leibhaftigen Ausdruck finden bzw. auch über den leibhaftigen Vollzug aufgebaut und gestützt werden.«[12]
Überblickt man ansonsten die religionsdidaktische Diskussion, dann läßt sich neben der förmlichen Ablehnung von Liturgie im wesentlichen eine Art formloser Ignoranz konstatieren. Der Gottesdienst wird religionsdidaktisch in der Regel nicht einmal einer Auseinandersetzung gewürdigt.[13] Wenn er aber thematisiert wird, ist gleich wieder eine Art formalen Überschwangs festzustellen, als sei die geprägte Form des Gottesdienstes Ziel, Inhalt und Methode religiösen Lernens zugleich. So formuliert Klaus Meyer zu Uptrup, wenn auch vor allem im Hinblick auf den Konfirmandenunterricht:
»Lobpreis Gottes ist die ursprüngliche Katechese; alle nachträgliche Katechese im Gespräch zwischen Menschen kann hier nur das Ziel haben, daß die Angesprochenen mit in das Gotteslob einstimmen.«[14]
Die Liturgie ist hier nicht Lernchance, sondern Lernbedingung. Für eigene Lernwege bzw. -umwege scheint kaum Platz zu sein. Lernen, Lehren, Liturgie fallen zusammen – die Form macht's, jedenfalls die die Sache des Evangeliums bergende Form. Auch die Religionspädagogik von Günter Rudolf Schmidt berücksichtigt den Gottesdienst derart, daß vor allem der Anpassung an vorgegebene Formen das Wort geredet wird. Schmidt definiert die liturgische Bildung als »die Fähigkeit und das in-

---

10 Die am meisten gewählten Items (»Ziele des RU in Schlagworten: Intentionen und Inhalte«) von 17 vorgegebenen bei *Langer*, Religionsunterricht, 220.
11 Wegen der Themenformulierung »Liturgik und *Didaktik*« habe ich im folgenden vor allem die schulische Religionsdidaktik im Blick. Daß die Fragen bezüglich des KU anders liegen (also die Liturgie als Lernchance wesentlich positiver gesehen wird), dürfte sich von selbst verstehen.
12 *D. Emeis*, Liturgiekatechese als Leibeserziehung, in: KatBl 109 (1984) 722-727, Zitat 722.
13 *H. Schmidt*, Leitfaden Religionspädagogik, Stuttgart 1991, nennt im Grundsatzteil nur sehr kurz Gebet und Gottesdienst als »grundlegende Interaktionen christlicher Religiosität«, plädiert aber im Kapitel über den schulischen Religionsunterricht immerhin für ein eigenes Lernfeld, für das er den Titel »Formen religiösen Ausdrucks und Denkens« vorschlägt (196) und in dem ein »dem jeweiligen religiösen Zusammenhang angemessenes Verständnis der religiösen Ausdrucksformen« zu entfalten wäre (ebd.).
14 *K. Meyer zu Uptrup*, Liturgie und Katechese, in: JLH 26 (1982) 1-19, Zitat 2.

nere Verlangen, den Gottesdienst mitzufeiern.«[15] Der Aufwachsende soll in die Kirche hineinwachsen.

»Er findet ihr Leben in seiner gegebenen Gestalt einfach vor und steht vor der Aufgabe, sich in sie einzuleben. Er hat den christlichen Symbolbestand einschließlich kirchenüblicher Interpretationen zu übernehmen.«[16]

Christliche Erziehung bedeutet in diesem Konzept »nicht so sehr Erziehung durch den Gottesdienst wie für ihn«,[17] und das Ziel kirchlicher liturgischer Erziehung ist »die Fähigkeit und die Bereitschaft, sich verstehend und einwilligend am Gottesdienst zu beteiligen«.[18]

Liturgische Bildung erscheint in diesem Konzept als reine Affirmation kirchlicher Form, und es wundert nicht, daß Lehrerinnen und Lehrer demgegenüber sehr zurückhaltend sind. Es dürfte der falsche Weg sein, vom Religionsunterricht die »Liturgiefähigkeit« des Menschen zu erwarten.[19] Ich denke, nur umgekehrt kann ein Schuh daraus werden: Die liturgische Form in ihrer konkreten, aber experimentierfähigen Gestalt erschließt erst die Möglichkeit christlicher Religion. Die liturgische Form dürfte nicht Ziel, sondern Ausgangspunkt christlicher Bildung und Religionspädagogik sein. Nicht so sehr das »Was« bestimmter Formen, sondern das »Daß« des Werdens einer liturgischen Form enthält Lernchancen. Wir lehren und lernen die christliche Religion, indem wir als Gemeinschaft von Christenmenschen Formen christlicher Religion gebrauchen. Nur so entfaltet die Religion ihren bildenden Charakter.

---

15 *G.R. Schmidt*: Religionspädagogik: Ethos, Religiosität, Glaube in Sozialisation und Erziehung, Göttingen 1993, 240.
16 Ebd., 172.
17 Ebd.
18 Ebd.
19 Die Liturgiefähigkeit als Bildungsziel begegnet in der katholischen Diskussion und wird dort zusammen gesehen mit der »Symbolfähigkeit«: »[...] wir müssen wieder symbolfähig werden« (*R. Guardini*, Liturgische Bildung. Versuche [1923], in: ders., Liturgie und liturgische Bildung, Mainz/Paderborn ²1992 [=Würzburg 1966], 19-110, Zitat 43); »ohne Symbolfähigkeit wird man nicht liturgiefähig« (*R. Sauer*, Liturgische Bildung – ein religionspädagogisches Stiefkind, in: KatBl 107/1982, 257-267, Zitat 261). Zu Recht bemerkt *Sauer*, ebd., 262: »Höchst bedenklich wäre es, wollte man von einem fest umrissenen Begriff der Liturgie ausgehen und dabei das Wesen der Liturgie als unveränderlich betrachten. Muß man nicht auch nach der ›Menschenfähigkeit‹ der Liturgie fragen?« In unserem Zusammenhang bedeutet dies konkret, nach dem religionsdidaktischen Erschließungspotential der liturgischen Form zu fragen, also nach der »Unterrichtsfähigkeit« der Liturgie: Wie erschließt die Liturgie das Sein des Menschen unter der Hypothese des Menschseins vor dem dreieinigen Gott, wie kann Liturgie Unterricht in der christlichen Religion anstoßen? Ebenfalls zu Recht fordert *Sauer* die »*liturgische Kompetenz*« (ebd., 265, Hervorhebung im Original) auch für die Religionslehrerausbildung. Zu wenig Distanzierungsmöglichkeit bietet mir allerdings *Sauers* Prädizierung auch der Lehrer(innen) als »Mystagogen«, welche »andere in die heiligen Geheimnisse einführen wollen« (ebd.).

2. Die bildende Gemeinschaft oder: Nur Religion in Form ist formulierbar

Wie sehr das pädagogische Denken immer noch der idealistischen Philosophie verbunden ist, erhellt sich aus der Notwendigkeit, eine Platitüde zu wiederholen: Inhalte gibt es nicht ohne Formen, und Formen sind nicht beliebige Gefäße für an sich extrahierbare Inhalte. Der Glaube muß mitgeteilt und dargestellt werden, und die interessanteste Frage ist oft die, warum wer den Glauben gerade in dieser und in keiner anderen Form mitteilt und darstellt. Die Form allein tut's freilich nicht, aber ohne Form geht nichts. »Forms are the food of faith«[20] – diese von Arnold Gehlen geprägte Sentenz gilt trotz unserer traditionellen protestantischen Formalismusphobie, trotz religiöser Innerlichkeitskultur und Authentizitätspräferenz.

Es ist in diesem Zusammenhang ein wenig kurios, daß sich die Religionsdidaktik von der allgemeinen Schulpädagogik darüber belehren lassen muß, daß Rituale notwendig sind, um der Schule und dem Unterricht Gestalt zu geben[21]. Ist es das Ritual, welches liturgische Elemente[22] wieder hoffähig für den Religionsunterricht machen könnte, weil »Ritual«[23] nicht so klerikal klingt wie »Liturgie«? Ist das vielleicht ähnlich wie mit dem anthropologischen Passepartout »Symbol«, und steht uns jetzt gar nach der »Symboldidaktik« die »Ritualdidaktik« ins Haus?

Doch an diesem Punkt ist es sinnvoll, von vornherein um terminologische Klarheit bemüht zu sein und Ritual, Liturgie und Form möglichst präzise zu unterscheiden. Hier können wir bei Christoph Bizer anknüpfen, der »Ritual und Liturgie wie Religionswissenschaft und Theolo-

---

20 *A. Gehlen*, Urmensch und Spätkultur. Philosophische Ergebnisse und Aussagen, Frankfurt/Bonn 1964, 24. Darauf rekurriert auch *H.-G. Soeffner*, Zu den Stichwörtern »Kollektivsymbol« und »Ritual«, in: *R. Bürgel* (Hg.), Raum und Ritual. Kirchbau und Gottesdienst in theologischer und ästhetischer Sicht, Göttingen 1995, 139-149, dort 144. *Soeffner* definiert das Ritual als »die Form, die den Stoff zum Inhalt werden läßt und dabei selbst zum Inhalt wird.« (Ebd., 143).
21 Siehe das Themenheft 1 (Januar 1994) der Zeitschrift »Pädagogik« unter dem Titel: »Rituale. Schule und Unterricht Gestalt geben.«
22 Über den Stellenwert liturgischer Elemente im »Methodischen Kompendium für den Religionsunterricht« (*G. Adam / R. Lachmann* [Hg.], Göttingen 1993) schreibt *Ch. Grethlein* (unveröff. Ms.1995): »Symptomatisch ist, daß der Beitrag ›Liturgische Elemente‹ als einziger in dem genannten Kompendium mit einem Fragezeichen versehen und ganz ans Ende gerückt ist. Sein systematischer Ort in der Rubrik ›musikalische, spielerische und meditative Handlungselemente‹ ist eher Ausdruck einer Verlegenheit als einer religionsdidaktisch präzisen Bestimmung.«
23 Vgl. dazu *H.-G. Heimbrock*, Ritual als religionspädagogisches Problem, in: JRP 5 (1988) 45-81. Das Lernen in Ritualen habe die Dimensionen Strukturierung der Zeitlichkeit, Einübung eines Körperkonzepts und dramaturgische Selbstdarstellung (ebd., 78).

gie«[24] unterscheiden will. Liturgie ist nach Bizer das auf den christlichen Gott bezogene Ritual.[25]

So kann ich definieren:
– Rituale sind Handlungsgewohnheiten einer Gemeinschaft,[26] die wiederkehrenden Situationen Wiedererkennbarkeit geben;
– Liturgien sind sinnlich wahrnehmbare Hinwendungen von Christenmenschen zu dem dreieinigen Gott, vor allem solche, die wiedererkennbare Formen haben;[27]
– Formen sind Handlungselemente von Ritual wie Liturgie, die verschieden, aber nicht beliebig gestaltbar und kombinierbar sind.
Liturgie wie Ritual sind damit an eine Gemeinschaft gebunden, welche Ritual und Liturgie herausbildet und gleichzeitig von Ritual und Liturgie gebildet wird. Eine bildende Gemeinschaft braucht Rituale. Eine christliche Gemeinschaft braucht Liturgien. Ich will den drei Begriffen noch etwas weiter nachgehen.
Didaktisch besonders fruchtbar ist die Form als Handlungselement von Ritual und Liturgie, weil diese dadurch unterrichtlich handhabbar werden, analysierbar und synthetisierbar. Die Eröffnung einer Stunde, die Präsentation einer Gruppenarbeit, das sorgfältige Inszenieren eines Streitgespräches – dies sind Formelemente didaktischen Handelns. Sie stehen nicht fest, sondern können in der unterrichtlichen Gemeinschaft verändert werden. Solche Formen sind nicht alles, aber ohne solche Formen ist alles nichts. Analoges gilt für Formelemente liturgischen Handelns. Sie sind gemeinsam gestaltbar und gestaltungsbedürftig. Das Singen eines Liedes, die Inszenierung eines biblischen Spiels, die Analyse der Eröffnung eines Gottesdienstes, das gestalterische Experimentieren mit dem Körper beim Sprechen liturgischer Texte, unterschiedliche Formen, einen Psalm[28] zur Sprache zu bringen – dies sind Formele-

---

24 *Bizer*, Liturgik und Didaktik, 98.
25 Ebd. Entsprechend definiert *Grethlein*: »Demnach heißen in einem qualifiziert christlich-theologischen Sinn alle menschlichen Ausdrucksformen ›liturgisch‹, in denen sich gemeinschaftlich der Glaube an den Vater Jesu Christi ausdrückt.« (Liturgische Elemente? in: *G. Adam / R. Lachmann* [Hg.], Methodisches Kompendium für den Religionsunterricht, Göttingen 1993, 377-393, Zitat 379). Um Formen wie das Kyrie und die Epiklese einzubeziehen, sollte m.E. besser vom Ausdruck des Glaubens an den *dreieinigen Gott* gesprochen werden.
26 Es gibt auch Rituale des einzelnen (wie die Gestaltung des Aufstehens am Morgen), welche zur Unterscheidung von den anderen Ritualen »individuelle« Rituale genannt werden sollten.
27 Dazu vgl. mein Buch: Leben, Leib und Liturgie. Die Praktische Theologie Wilhelm Stählins, Berlin / New York 1994, 224.
28 Dazu vgl. das Neue Themenheft »Psalmen« des »Evangelischen Erziehers«: EvErz 47 (1995) 1-100; besonders eindrücklich der »Psalm« eines Schülers in dem Beitrag von *D. Bell*, Elementar verständliche Texte. Psalmen als Thema biblischer Didaktik, 45-55, dort 54: »Hilf mir aus dem Dreck, /sonst ersticke ich noch/ drin. Bitte Herr du mein/ Gott ich brauche dich./ Ich höre auch auf zu /klauen und ich/ fange noch mal neu an./ Mein Gott«.

mente liturgischen Handelns, die im Unterricht gebraucht, gestaltet, analysiert und neu synthetisiert werden können.
An diesem Punkt ist die religionsdidaktische Unterscheidung von Ritual und Liturgie mit Hilfe des Formbegriffes möglich. Rituale können und müssen im Unterricht inszeniert werden. Die Formen solcher Rituale sind didaktisch immer wieder zur Disposition zu stellen.[29] Liturgien als Hinwendungen einer schulischen Gemeinschaft zu dem dreieinigen Gott werden – mindestens im öffentlichen Schulwesen – eher die Ausnahme sein. Liturgische Formen hingegen als Handlungselemente von Liturgie sind unterrichtlich verwendbar, gestaltbar und damit im nicht nur affirmativen Sinne lernbar. Liturgische Formen bringen die Religion zur Darstellung unter der Hypothese, daß Religion erst in der Hinwendung zu Gott bei sich selbst ist.[30] Unterrichtlich kommt es nun darauf an, daß die liturgische Form in didaktische Formen und Rituale eingebettet ist, um keine vereinnahmende und dem Lernort Schule unangemessene Klerikalisierung dabei herauskommen zu lassen. Entscheidend sind solche didaktischen Formen und Rituale, die die Zuwendung zu Gott als fundamentale Hypothese, aber eben als Hypothese ins Spiel bringen. Die christliche Religion sollte weder auf Traditionen noch auf Probleme reduziert, aber auch nicht um einer vermeintlichen Unmittelbarkeit willen direkt in Szene gesetzt werden. Das eine würde nicht der Religion, das andere nicht dem Unterricht gerecht. Die genannten sind demnach keine Möglichkeiten für den Religionsunterricht. Die Schule hat es immer mit Versuchbedingungen zu tun. Liturgische Formen behalten in der Schule etwas Künstliches – und das ist nicht schlimm, wenn es alle Beteiligten wissen. Heuristisch sinnvoll ist der Vergleich mit einem physikalischen oder chemischen Experiment.[31] Auch die liturgische Form im Unterricht ist der Analyse und Synthese zugänglich. Die Zuwendung zu Gott ist real wie die im chemischen Experiment real wirkenden Kräfte. Aber es handelt sich um eine Realität unter Versuchsbedingungen zum Zwecke des Lernens. Es handelt sich um Spiel, aber nicht um Spielerei. Ein schlecht vorbereitetes chemisches Experiment kann schlecht ausgehen, wenn man die dabei wirkenden Kräfte nicht ernstnimmt. Und auch wer die christliche Religion unterrichtet, sollte nicht leichtfertig damit hantieren, als sei der lebendige Gott Manövriermasse für allgemein-religiöses Räsonnement. Wer Religion unterrichtet, sollte etwas von Religion verstehen. Wer die christliche Religion lehrt,

---

29 Dazu s. *O. Seydel*, Die Postmütze. Oder: Rituale sind klüger als Menschen, in: Pädagogik 46 (1994) Heft 1, 18-21, dort 20f.: »Rituale in einer Schule müssen angenommen werden. Erwachsene können wohl versuchen, sie einzuführen. Wenn die Kinder sie aber nicht nach einiger Zeit von sich aus – durchaus heiter und kreativ – einfordern, werden sie ›Krampf‹, Disziplinierungsmittel oder lächerlich.«
30 In diesem Zusammenhang hat *Bizer* darauf hingewiesen, daß die »erklärende Redeweise [...] der Religion so fern ist wie der Sexualkundeunterricht der Erotik« (Liturgik und Didaktik, 84).
31 Diesen Vergleich als anregende Idee verdanke ich Frau Studienrätin Bärbel Husmann aus Sehlde.

sollte über liturgische Bildung verfügen, um zum Spiel[32] mit liturgischen Formen anzuleiten.

Wer das tut, erzieht nicht vorrangig zum Gottesdienst (auch nicht unbedingt zum Schulgottesdienst), so wenig wie die Chemielehrerin vorrangig zum eigenen chemischen Forschen und Arbeiten erzieht. Es geht vielmehr um ein der Sache selbst angemessenes, handlungsorientiertes Verstehen von Religion. Das Lernen der liturgischen Form ist insofern auch ein notwendiger Beitrag zur allgemeinen Bildung, wenn klar wird, wie christliche Religion funktioniert. Und dies dürfte für die interreligiöse Gegenwart inzwischen Konsens sein: Nur wer sich auf eine konkrete Religion versteht, der versteht auch die Menschen mit anderen Religionen. Wenn Rituale für eine Kultur des Zusammenlebens[33] stehen, so steht die liturgische Form für eine Kultur der Ehrfurcht vor der Religion, der fremden wie der eigenen.

Das Experimentieren mit der liturgischen Form ist an die Gemeinschaft gebunden und macht damit auch fähig, andere Gemeinschaften zu verstehen.[34] Nur so kann auch die oft nur verbal eingeschärfte Einsicht erschlossen werden, daß Religion nicht in individuellen Praxen aufgeht, sondern gebunden ist an die bildende Gemeinschaft[35], die sich im Ringen um die Form abmüht. »Forms are the food of faith« – Liturgie und

---

32 Auch die Kategorie des Spieles wird eher in der katholischen Diskussion thematisiert, wenn etwa *Sauer*, Liturgische Bildung, 262, schreibt: »Spiel und Tanz sollten im Gottesdienst besonderes Heimatrecht finden, da Liturgie heiliges Spiel vor Gott ist.« Vgl. auch *Koch*, Liturgie und Theater, 9: »Im Theater der christlichen Liturgie sind alle Teilnehmer Subjekte der Liturgie und deshalb Schauspieler.« Insgesamt s. dazu auch die anregende Schrift von *B. Schellenberger*, Einübung ins Spielen, Münsterschwarzach 1980 (= Münsterschwarzacher Kleinschriften, Bd.12).
33 Dazu s. *E. Riegel*, Rituale. Oder: Die Kultur des Zusammenlebens, in: Pädagogik 46 (1994) Heft 1, 6-9.
34 *F. Steffensky*, Rituale als Lebensinszenierungen, in: Pädagogik 46 (1994) Heft 1, 27-29, entfaltet u.a. die Thesen »In der Form grenzen wir Welt ein und werden so erst fähig, in ihr zu leben«, »Die Form reinigt und konturiert unsere Lebenswünsche«, »Die Form drängt in die Sozietät und stärkt sie«.
35 Gerade an diesem Punkt hat die schulische Religionspädagogik eine allgemeinbildende Aufgabe, wenn denn die plausibel erscheinende These des britischen Sozialanthropologen Victor Turner zutrifft, daß unter den Bedingungen von Industrialisierung und Arbeitsteilung das als verbindlich geachtete Ritual zu privatem Vergnügen aufweicht, so daß das heilige Drama degeneriert zum »fun«. (Nach *Heimbrock*, Ritual, 70f.). »Religions-Pädagogik« müßte ihre aufklärerische Funktion demnach gerade im nachvollziehbaren Aufweis der so gearteten Depravation von Religion zeigen, indem das Miteinander religiöser Gemeinschaft vor Gott ins Spiel kommt. Damit ist die Einsicht unausweichlich, daß auch der schulische Religionsunterricht ekklesiologische Aspekte haben muß. Vgl. dazu die Loccumer Thesen, Religion, Bildung und Religionspädagogik des Dozentenkollegiums des Religionspädagogischen Instituts Loccum, in: Loccumer Pelikan (1994) Heft 3, 35-39 (bes. These 5), und meinen Aufsatz: Identität und Gemeinde. Einige Randbemerkungen zur EKD-Denkschrift »Identität und Verständigung« aus Sicht der »Loccumer Thesen«, in: Loccumer Pelikan (1993) Heft 1, 23-26.

Didaktik müssen die Religion in Form bringen, um sie formulierbar zu machen.

3. Liturgie und Lehre oder: Wie die christliche Religion in der Schule in Form kommt

Nach den grundlegenden Überlegungen möchte ich mich auf die Andeutung von zwei Gedanken beschränken, die im Hinblick auf die Praxis des schulischen Religionsunterrichts weiterführend sein dürften.
Zum einen denke ich an eine im Sinne des Gebrauchs christlicher und anderer religiöser Formen geweitete Symboldidaktik, die ich lieber eine Didaktik christlicher und anderer religiöser Zeichenprozesse nennen möchte.[36] Der Gebrauch christlich-religiöser Zeichen, nicht ihr Inhalt »an sich« sollte im Vordergrund eines solchen Unterrichts in der christlichen Religion stehen. Texte, Lieder, Bilder, Bewegungen und Begehungen sind probeweise, quasi experimentell zu inszenieren, damit ihr Gebrauch verstehbar, nachvollziehbar und kritisierbar wird. In diesem Konzept haben auch liturgische Formen einen notwendigen Platz. Denn die christliche Religion ist nun einmal – trotz der protestantischen Tradition der Innerlichkeit – vor allem in liturgischen Formen sinnlich wahrnehmbar.[37] Die christliche Religion lehren wir also mindestens auch, indem wir Verstehens- und Gebrauchskompetenz für die liturgische Form lehren. Als Zielvorstellung formuliere ich: den Gebrauch der liturgischen Form studieren, den Gebrauch probieren, den Gebrauch kritisieren.
Als Beispiel nenne ich die liturgische Form des Kniefalls mit einigen Fragen für die Planung von Unterricht. Warum schreibt Matthäus, daß die drei Weisen aus dem Morgenland vor dem Jesuskind auf die Knie fallen (προσκυνειν) wollen? Warum tun das Pilger und katholische Gottesdienstbesucher heute, evangelische höchstens noch am Bußtag, der nun allerdings gerade »ganz zufällig« abgeschafft wurde? Gibt es Kniefälle bei uns nur noch privat bzw. in außergewöhnlichen Situationen (Verzweiflung bei einem verschossenen Elfmeter; Willy Brandts Kniefall im Warschauer Ghetto 1970)? Können wir die christliche Religion überhaupt verstehen, wenn wir nicht (mehr) auf die Knie fallen wie die Menschen vor Jesus[38], der seinerseits vor dem Teufel niederfallen sollte, um die Weltherrschaft anzutreten?[39] Was geht in uns selbst vor, wenn wir niederknien? Könnte ich mir vorstellen, in einer bestimmten Situati-

---

36 Dazu s. mein Buch: Vom Symbol zum Zeichen. Symboldidaktik und Semiotik, Hannover 1995.
37 In der vertrauten Terminologie muß selbstverständlich ergänzt werden: In Liturgie und *Diakonie* wird christliche Religion anschaubar. Die spezifische sichtbare Hinwendung zu Gott jedoch macht die Liturgie zur vorzüglichen Lernebene für christliche Religion, während es sich bei der Diakonie um die Konsequenz handelt, welche zudem auch ganz anders (etwa: humanistisch) motiviert sein kann.
38 Mt 8,2; 9,18; 15,25.
39 Mt 4,9.

on etwas damit auszudrücken? Welche Formelemente von Körpersprache bestimmen sonst das Miteinander in unserer Klasse? Welche Gebärden erscheinen uns angemessen, um unserem Glauben Gestalt zu geben?
Mein zweiter Gedankengang für die Praxis des schulischen Religionsunterrichts betrifft den Gottesdienst als ganzen. Das Ensemble liturgischer Formen in Gestalt eines Schulgottesdienstes dürfte, wenn gut vorbereitet auf inhaltlicher und institutioneller Ebene[40], eine hervorragende Möglichkeit zum Lernen der christlichen Religion sein und – falls er von der Schule als ganzer[41] getragen ist – auch eine große Bereicherung des Schullebens. Dennoch dürfte dies – zumal in den östlichen Bundesländern, aber auch in den Großstädten im Westen – kaum die Regel sein.
Der Gottesdienst als ganzer scheint mir jedoch über das bisher Gesagte hinaus stärker in den Reflexionszusammenhang grundlegender didaktischer Strukturen[42] zu gehören, gewissermaßen als Fundament der Planung wie des konkreten Religionsunterrichts. Der Gottesdienst als ganzer stellt einen Entdeckungszusammenhang für die christliche Rede vom Menschen dar. Im Gottesdienst wird der Mensch nicht als Subjekt, sondern als Person entdeckbar[43]. Der Mensch ist nicht auf sich selbst gestellt, sondern ist in ein Spiel Gottes einbezogen (»persona« heißt ursprünglich »Maske«, »Rolle«). Oder in überlieferter Etymologie: Person ist jemand, in dem die Personalität des dreieinigen Gottes zur Wirkung kommen (wörtlich: hindurchklingen, »per-sonare«[44]) soll. Der Eingangs- und Gebetsteil des Gottesdienstes führt den Menschen als auf Kommunikation mit seinem Ursprung und seiner Gegenwart angewiesenen Menschen vor Augen. Der Verkündigungsteil konfrontiert mit den Gotteserfahrungen anderer Menschen. Der Mahlteil inszeniert die leibliche Bedürftigkeit und damit die umfassend zu verstehende Sozialität des

---

40 Diesen Aspekt beschreiben gut *E. Goßmann / R. Bäcker*, Schul-Gottesdienst. Situationen wahrnehmen und gestalten, Gütersloh 1992; vgl. auch das sehr sorgfältige und ausführliche Buch von *W. Neuser*, Gottesdienst in der Schule. Grundlagen – Erfahrungen – Anregungen, Stuttgart 1994.
41 Interessant ist, daß gegenwärtig Nicht-Religionspädagog(inn)en wieder von einer »Schulgemeinde« sprechen, so *Riegel*, Rituale, 9.
42 In Anlehnung an *W. Jank / H. Meyer*, Didaktische Modelle, Frankfurt/M. ²1993, 69ff, wo die Prozeßebene von Unterricht, die Ebene der Analyse und Planung sowie die Ebene grundlegender didaktischer Strukturen unterschieden werden.
43 So unterscheiden zu Recht *P. Biehl*, Theologische Aspekte des Bildungsverständnisses, in: EvErz 43 (1991), 575-591 hier 591 und *Grethlein*, (s.o. Anm. 22), 10f. Diesen liturgie-didaktischen Gedankengang verdanke ich insgesamt der Anregung durch *Grethleins* Manuskript. – Zur religionspädagogischen Einordnung des Subjektbegriffes vgl. insgesamt auch die Loccumer Thesen (s.o. Anm. 35). Die praktisch-theologische Diskussion um den Subjektbegriff als grundlegende Kategorie dürfte von daher noch einmal zu überdenken sein.
44 *Koch*, Liturgie und Theater, 8, formuliert, daß »im Liturgen folglich die Person Jesu Christi ganz durchklingen (per-sonare) können soll ...«. Dabei wird etymologisch aber stärker an die persona, die Maske des antiken Theaters zu denken sein als bei Kochs Abteilung.

Menschen. Entlassung und Segen zeigen den Menschen auf dem Weg vom Heiligen zum Alltag und gerade dort von der Wirklichkeit Gottes umgeben und getragen. Was unser Personsein vor Gott und den Menschen ausmacht, ist im Gottesdienst als anthropologischem Konzept der christlichen Religion in vorzüglicher Weise abzulesen.
Ich möchte zum Schluß in diesem Zusammenhang auf Friedrich Schleiermacher zurückgreifen. Er definierte: »Der Zweck des Cultus ist die darstellende Mitteilung des stärker erregten religiösen Bewußtseins.«[45] Gerade Schleiermacher, der in der Tradition protestantischer Innerlichkeit aufgewachsen war und damit immer noch exemplum für gegenwärtiges protestantisches Christsein ist, gerade er wußte, daß die neuzeitlich im Innern des Menschen verortete Religion mitgeteilt und dargestellt werden muß, ja daß es die christliche Religion nicht anders geben kann als in den Formen von Darstellung und Mitteilung des Glaubens[46], welche im Gottesdienst in vorzüglicher Weise anschaubar wird.
Vielleicht läßt sich von hier aus auch die Verhältnisbestimmung von Liturgik und Didaktik insgesamt verbessern. Das Ineinander von Darstellung und Mitteilung des Glaubens wäre dann so etwas wie eine liturgisch-didaktische Grundform, deren Zusammenhang nicht aufgelöst werden darf. Darstellung des Glaubens ohne Mitteilung wäre blind, Mitteilung ohne Darstellung wäre leer. Das letztere ist sicher eine Gefahr des schulischen Religionsunterrichts, während es in der Gemeinde wohl eher mit der gegenseitigen Mitteilung hapert.
Nicht ein Reden über Religion, sondern nur die Darstellung und Mitteilung von Religion wird dem schulischen Bildungsauftrag gerecht, weil nur so verstehbar wird, was das Religiöse ist an der Religion, ihre Kraft, die nicht zu allgemein plausiblen Allgemeinplätzen verharmlost werden darf. Oder, um Christoph Bizer zu zitieren:
»Wer Gottesfurcht nicht selber fürchtet; wer Gottesliebe nicht selber liebt, anfangsweise erahnend wie auch immer, der hat von Religion keine Ahnung.«[47]

---

45 *F. Schleiermacher*, Die praktische Theologie nach den Grundsätzen der evangelischen Kirche, Berlin 1983 ([1]1850, 75 im Original hervorgehoben).
46 Die gegenseitige Mitteilung, bei der alle Beteiligten zugleich Mitteilende und Empfangende sind, faßt *Schleiermacher* unter dem »Begriff einer lebendigen Circulation« (ebd., 50).
47 *Bizer*, Das Wort Gottes und der Unterricht, in: EvErz 46 (1994) 391-399, Zitat 395.

Manfred Josuttis

Religion im Klassenzimmer

1.

Zu Beginn, wie es für Christoph Bizer charakteristisch ist, eine Szene: »Einst sprach der Vater zu seinem Sohn: ›Shvetaketu, ziehe aus, das Brahman zu studieren, denn einer aus unserer Familie, mein Lieber, pflegt nicht ungelehrt und ein bloßes Anhängsel der Brahmanenschaft zu bleiben.‹
Da ging er, zwölf Jahre alt, in die Lehre, und mit vierundzwanzig Jahren hatte er alle Veden durchstudiert und kehrte hochfahrenden Sinnes, sich weise dünkend und stolz zurück. Da sprach zu ihm sein Vater: ›Shvetaketu, mein Lieber, da du also hochfahrenden Sinnes, dich weise dünkend und stolz bist, hast du denn auch nach jener Unterweisung gefragt, durch die man das Ungehörte hören, das Ungedachte denken, das Unerkannte erkennen kann?‹
[...]
›Wahrlich, jene ehrenwerten Männer wußten dies nicht: denn hätten sie es gewußt, warum sollten sie es mir nicht gesagt haben? Du aber, Ehrwürdiger, wollest mir solches nun auslegen.‹
›So sei es, mein Lieber ... Hol mir doch eine Feige her.‹ ›Hier ist sie, Ehrwürdiger.‹ ›Spalte sie.‹ ›Sie ist gespalten, Ehrwürdiger.‹ ›Was siehst du darin?‹ ›Ganz feine Körner, Ehrwürdiger.‹ ›Spalte nun bitte eines von ihnen.‹ ›Es ist gespalten, Ehrwürdiger.‹ ›Was siehst du darin?‹ ›Gar nichts, Ehrwürdiger.‹
Da sprach er zu ihm: ›Wahrlich, mein Lieber, dieses Feinste, das du gar nicht wahrnimmst, aus ihm ist jener große Feigenbaum entstanden. Glaube mir, mein Lieber‹, sprach er, ›was diese feinste Substanz ist, die ganze Welt enthält es als ihr Selbst. Das ist das Wirkliche. Das ist Atman. Das bist du (tat tuam asi), Shvetaketu.‹
›Schenk mir noch weitere Belehrung, Ehrwürdiger.‹ ›So sei es‹, sprach er. ›Schütte dies Salz ins Wasser und komme morgen früh wieder zu mir.‹ So tat er.
Da sagte der Vater zu ihm: ›Das Salz, das du gestern Abend ins Wasser geschüttet hast, bring mir's her.‹ Er griff danach, aber er fand es nicht, da es ganz und gar zergangen war. ›Nimm bitte einen Schluck von dieser Seite‹, sagte jener. ›Was ist es?‹ ›Salzig.‹ ›Nimm einen Schluck aus der Mitte‹, sagte er. ›Wie ist es?‹ ›Salzig.‹ ›Nimm einen Schluck von jener Seite,‹ sagte er. ›Wie ist es?‹ ›Salzig.‹ ›Setz es beiseite und komm her zu mir.‹ Er tat so und sagte: ›Es ist immer das gleiche.‹

Da sprach jener zu ihm: ›Wahrlich, mein Lieber, du siehst kein Seiendes hier, und doch ist es darin. Was diese feinste Substanz ist, die ganze Welt enthält es als ihr Selbst. Das ist das Wirkliche. Das ist Atman. Das bist du, Shvetaketu!‹«

Die Szene stammt aus den Upanischaden, einem heiligen Buch aus dem Hinduismus, das zwischen 800 und 500 vor Christus entstanden ist[1]. Sie zeigt für unseren Diskussionszusammenhang viererlei:

1. Religion wird im Klassenzimmer, im Lehrhaus, in der Mönchszelle, im Vortragssaal in vielen Formen tradiert; solcher Unterricht schafft oft und bestenfalls Menschen hochmütigen Sinnes, und das nicht nur, wenn darin Religionskritik praktiziert wird.

2. Wenn das Unerhörte zu hören, das Ungedachte zu denken, das Unerkannte zu erkennen ist, dann hat man die offiziellen Räume, das Klassenzimmer, das Lehrhaus, die Mönchszelle, den Vortragssaal schon verlassen.

3. Diese Einsicht steht am Beginn und am Ende jeder Belehrung im Klassenzimmer, im Lehrhaus, in der Mönchszelle, im Vortragssaal. Sonst schafft der Unterricht nur Theologen: Sie wissen über alles Bescheid und haben von nichts eine Ahnung.

4. Wenn einem Menschen aufgeht, was das ist: Gott, die Welt, er/sie selbst, dann wird er weltfremd; damit einem Menschen aufgeht, was das ist: Gott, die Welt, er/sie selbst, muß er jemanden finden, der ihn/sie anleitet, die Welt, die Feige, das Wasser, das Brot, den Wein wahrzunehmen.

2.

Religion im Klassenzimmer. Was ist das? Ein Raum, eine Menschenschar, ein Projekt. Wie soll man das angemessen betrachten?
Vertraut, allgemein verwendet und allgemein anerkannt sind soziologische und psychologische Perspektiven.
Der Raum ist Bestandteil einer Institution, der Schule, die wiederum ist eingebettet in ein gesamtes Bildungssystem, und das wird getragen von der Gesellschaft. Die Menschen in diesem Raum haben ein distanziertes oder engagiertes Verhältnis zur Organisation Kirche. Sie gehören unterschiedlichen Schichten an, bringen milieu-, alters-, geschlechtsbedingte Erfahrungen mit. Sie haben auf sehr unterschiedliche Weise das durchlaufen, was man den Prozeß der religiösen Sozialisation nennt, stehen auf unterschiedlichen Stufen ihrer psychosozialen Entwicklung, sind durch unterschiedliche Charakterstrukturen geprägt, und sind auch zur Teilnahme am Religionsunterricht höchst divergent motiviert.

---

1 Zitiert nach *F. Köster*, Religiöse Erziehung in den Weltreligionen. Hinduismus, Buddhismus, Islam, Darmstadt 1986, 21.

Das, was in diesem Raum geschehen kann, ist für die soziologische und psychologische Perspektive durch die genannten und viele andere Faktoren und Prozesse in einem sehr erheblichen Ausmaß determiniert. Wer Religion im Klassenzimmer unterrichten will, muß diese Faktoren und Prozesse möglichst präzise wahrnehmen und möglichst optimal miteinander verknüpfen. Der Raum und die Menschen in diesem Raum müssen, damit das Projekt gelingen kann, in ihrer psychosozialen Situation realisiert werden.
Die radikale Alternative zu diesem Verfahren besteht in seiner Umkehrung. Religion im Klassenzimmer gelingt allein vom Projekt her. Der Raum ist in diesem Fall nicht von der Institution Schule her zu bestimmen, auch nicht von der Organisation Kirche her, und die Menschen in diesem Raum sind auch nicht im Rahmen einer Entwicklungspsychologie sachgemäß zu erfassen. Die phänomenologische Betrachtung setzt voraus: Religion im Klassenzimmer ist in jedem Augenblick durch das determiniert, was die Intention des Projektes ausmacht – die Annäherung an die Macht und an die Wirklichkeit des Heiligen. Alles, was in dieser Stunde, in dieser Unterrichtseinheit, in diesem Jahrespensum in dieser Klasse mit diesen Menschen abläuft, ist in Schultheorien und Unterrichtszielen, in didaktischen und methodischen Modellen vorgeschrieben und vorgeplant. Aber das lebendige Unterrichtsgeschehen, das sich in, mit und unter diesen pädagogischen, theologischen, religionsdidaktischen Formulierungen abspielt, das läßt sich genau nur bestimmen, wenn man statt der allgemeinen soziologischen und psychologischen Kategorien religionsphänomenologische Modelle verwendet. Jede Stunde, auch in der Schule, ist eine Mischung aus Chaos und Kairos. Es will etwas werden. Eine Macht will Gestalt gewinnen.
Das Heilige ist die Macht des Lebens, die verborgene und verbotene Seite der Wirklichkeit, die uns immer umgibt und die doch nie faßbar ist. In den Augenblicken ihrer Erschließung begegnet diese Macht als atmosphärische Größe, deren Präsenz die Menschen energetisch ergreift und verändert. »Sie wurden alle mit Heiligem Geist erfüllt«, heißt es zu Beginn der Kirchengeschichte (Apg 2, 4). In der Begegnung mit dieser Macht kommt es auf jeden Fall zur Erweiterung des Identitäts- und des Wirklichkeitshorizontes, jenseits von psycho- und soziogenetischen Determinanten, unabhängig von funktionalen Interdependenzen.

3.

Religion im Klassenzimmer – was im Raum geschieht, geschehen kann und geschehen wird, ist nach gängiger Überzeugung von den Menschen abhängig, die dort anwesend sind.
Die Liste der psychosozialen Konstellationen ist vollständig kaum zu erstellen. Gegenwärtig beliebt sind vor allem Entwicklungsmodelle, seien sie nun stärker trieb- oder identitätstheoretisch, kognitiv oder symboltheoretisch orientiert. Wenn man solche Modelle für die Interpreta-

tion und die Organisation des Religionsunterrichts heranzieht, rechnet man damit, daß sich auch die Religiosität von Menschen in diesem Rahmen abspielt. Für einzelne Aspekte trifft das zweifellos zu. Psychosoziale Konflikte, kognitive Differenzierungen, sprachliche Artikulationen, die zur Religiosität gehören, entfalten sich nach den Regeln des biologischen, des psychischen, des sozialen Wachstums.

Aber Religiosität enthält im Kern noch eine andere Dimension. Sie impliziert nicht nur interne Prozesse und externe Relationen im sozialen Raum, sondern auch und gerade Transzendenzerfahrungen. Eine religionsphänomenologische Wahrnehmung unterstellt: Jeder Mensch im Klassenzimmer befindet sich in diesem Augenblick seines Lebens in einer bestimmten Phase seiner Bewegung zum Urgrund des Lebens. Sein Lebenslauf umfaßt also nicht nur biologische, psychologische und soziologische Entwicklungsprozesse, sondern auch höchst unterschiedliche, altersunabhängige Etappen und Orientierungen der Gottesbeziehung. Alle Menschen kommen aus dem Urgrund des Lebens, und alle Menschen kehren dahin zurück. Ihr Lebenslauf dazwischen umfaßt höchst unterschiedliche Konstellationen.

Shvetaketu ist zwölf Jahre lang aufgewachsen und hat zwölf Jahre lang studiert und ist in dieser Zeit so dünkelhaft und überheblich geworden, daß er für die Einsicht in das Lebensgeheimnis hinreichend präpariert war. Diese von keiner christlichen Rechtfertigungstheorie beeinflußte ideale Biographie ist deshalb so aufschlußreich, weil sie das scheinbar Gegensätzliche auf höchst stimmige Weise vereint: das Wachstum und den Bruch, die öffentliche Belehrung und die individuelle Einweihung, die Hybris des Wissenden und die Demut des Lernenden.

Alle Menschen im Klassenzimmer kommen aus dem heiligen Urgrund des Lebens und kehren dahin zurück. Einige sind fast ausschließlich mit ihrem psychosozialen Wachstum beschäftigt; einige sind neugierig auf das Leben und wollen auch erkunden, was in religiöser Praxis geschieht; manche verweigern sich dieser Wirklichkeit; manche sind auf der Flucht. Einige haben Erfahrungen mit ekstatischen Medien wie Drogen oder Musik. Einzelne suchen vielleicht auch schon nach einer religiös fundierten Ordnung des Lebens. Einzelne gebärden sich so desinteressiert, so gottlos oder so hybrid, daß der Einbruch des Heiligen in diesem Lebenslauf vielleicht bald bevorsteht. Und das alles gilt, natürlich, nicht nur von den Schülerinnen und Schülern im Klassenzimmer, sondern auch von denen, die hier unterrichten.

In, mit und unter den psychosozialen Faktoren und Prozessen, in, mit und unter den pädagogischen und theologischen und didaktischen Programmen läuft bei jedem und jeder die verborgene Heils- und Unheilsgeschichte seiner Verstrickungen mit der Macht des Heiligen ab. Im Kontext dieser hagiobiographischen Situation changiert auch der Raum des Religionsunterrichts. Räume sind in der Zeit nur an der Oberfläche konstant. Jeder Ort in der Welt, auch in der Schule, liegt zwischen Himmel und Hölle und ändert andauernd seine wohnliche Qualität zwischen Heimat und Fremde.

4.

Religiöse Biographie, religiöse Kairologie und religiöse Topographie sind analog strukturiert. In jedem Augenblick seines Lebens befindet sich jeder Mensch in einem atmosphärischen Raum, der von der Wirklichkeitsmacht des Heiligen so oder so erfüllt sein kann und demgemäß verschiedene Möglichkeiten der Beziehung zu dieser Wirklichkeitsmacht enthält. Die vier Möglichkeiten, die sich idealtypisch herausschälen lassen, sind am leichtesten faßbar und vorstellbar in der lokalen Raumerfahrung.
Im Verhältnis zur örtlichen Residenz des Heiligen in einem Tempel oder in einer Kirche gibt es vier Positionen. Man kann das Kirchengebäude von außen betrachten; man kann in den Vorraum eintreten; man kann sich im Kirchenschiff niederlassen; unter bestimmten Umständen kann man sogar in das sakrale Zentrum, den Altarraum, das Allerheiligste, vordringen. In der ersten Position bleibt man gegenüber dem Heiligen in einer beträchtlichen Distanz, die durch eine einfache Körperdrehung noch verstärkt werden kann. Beim Eintritt in den Vorraum wagt man einen Schritt in das Innere, ohne sich jedoch auf das eigentliche Handlungs- und Erfahrungsfeld schon einzulassen. Wer im Kirchenschiff Platz nimmt, legt sich auf der Verhaltensebene schon stärker fest und setzt sich auf der Einstellungsebene dem Einfluß verbaler Attacken im Namen des Heiligen aus. Der Gang zum Altar endlich, der etwa beim Abendmahlsritual erfolgt, schließt zum Abschluß einer langwierigen Präparation die inkorporative Vereinigung mit dem Heiligen ein.
Was man bei der Wahrnehmung der religiösen Topographie erfahren kann, gilt auch in der religiösen Kairologie und in der religiösen Biographie. In jedem Augenblick seines Lebens befindet sich jeder Mensch in einer dieser vier Positionen: Er steht draußen, dem Heiligen zugewandt oder abgewandt; er schaut neugierig einmal hinein; er wagt, etwa weil durch Gewohnheit gegenüber dem Zugriff der Macht immunisiert, sich in ihrem Wirkungsfeld niederzulassen; für kurze Zeiträume sind Menschen sogar befugt, der Macht des Heiligen durch intensive Körpererfahrungen zu begegnen. Aus den Bewegungen zwischen diesen vier Positionen ergibt sich im Lauf eines Lebens die Linie einer religiösen Biographie, die in Zukunft immer weniger dem alten Modell einer geraden Linie zwischen Kindertaufe und kirchlicher Bestattung folgen wird.
Lokale und atmosphärische Topographie sind in der Religion freilich nicht identisch. Man kann im Altarraum stehen und auf der Kanzel das Wort ergreifen und sich doch weit außerhalb der Heilsmacht befinden. Man kann zu Hause einen Wassertropfen betrachten oder im Klassenzimmer ein Lied mitsingen, einen Vers aus der Heiligen Schrift repetieren und ganz unverhofft ins Geheimnis des Lebens geraten. Was in einem Unterrichtsraum atmosphärisch abläuft, das wird bestimmt

– von der religiösen Biographie aller Anwesenden,
– von der Art, von der Macht des behandelten Stoffes,

- von den Wirkungen, die dieser energisch geladene Stoff auf alle oder einzelne Anwesende in dieser Stunde ausüben will,
- natürlich auch von den Widerständen, von den Abwehrbemühungen und den Schutzbedürfnissen, die die Anwesenden gegenüber dem Stoff agieren.

Wie in der Theologie für Predigt und Gottesdienst kann man auch in der Religionspädagogik für den Unterricht Konzepte entwerfen, die eine der vier Positionen besonders betonen. Das garantiert keineswegs, daß man die atmosphärische Qualität, die intendiert ist, etwa Verkündigung des Wortes Gottes in der dialektischen Theologie, immer erreicht. Und das schützt auch nicht davor, daß in der Begegnung mit dem Stoff die eigenen relativen Zielsetzungen transzendiert werden und sich im Unterricht Dinge ereignen, die kein Lehrplan festschreiben kann.

Man kann also Religion im Religionsunterricht ganz von außen betrachten:

- als konstitutiven Bestandteil im kollektiven Gedächtnis der abendländischen Welt,
- als Sprachtradition, die den kulturellen Code bis heute geprägt hat,
- als Sinnproduzent und Lieferant für Werte und Normen,
- als Basis für wissenschaftliche oder weltanschauliche Ideologien.

Man kann Religion historisch rekonstruieren, funktional analysieren, systematisch miteinander vergleichen.

Das alles ist weder gut noch schlecht. Es ist eine mögliche, wenn auch sehr distanzierte Position im Verhältnis zur Lebensmacht des Heiligen.

Man kann im Religionsunterricht auch den Vorraum betreten und sich ein Stück weit auf die Innensicht der Dinge einlassen:

- Was hat das, was man innen schon wahrnimmt, mit dem Leben der Menschen draußen zu tun?
- Was läuft in religiöser Praxis ab, wenn man es soziologisch oder psychologisch zu erfassen versucht?
- Wie kann man biblische Texte und religiöse Symbole wirklich verstehen?
- Was könnte passieren, wenn man sich auf liturgische Formen persönlich einläßt? Und warum ist das meistens so schwer?

Man kann im Religionsunterricht sich auch im Kirchenschiff niederlassen und Unterweisungen vollziehen:

- Man kann aus der energetischen Dynamik des Evangeliums reden;
- man kann Heilsgeschichten erzählen;
- man kann therapeutisch und poimenisch das Leben der Anwesenden verändern;
- es können Lebensentscheidungen dergestalt fallen, daß jemand Pfarrerin oder Religionslehrer werden will.

Schließlich kann auch im Klassenzimmer manchmal ein Wunder passieren, wie manchmal am Krankenbett und manchmal im Gottesdienst. »Da sprach jener zu ihm: ›Wahrlich, mein Lieber, du siehst kein Seiendes hier, und doch ist es darin. Was diese feinste Substanz ist, die ganze Welt enthält es als ihr Selbst. Das ist das Wirkliche. Das ist Atman. Das bist du, Shvetaketu!‹«

Otto Seydel

Rituale – Feier – Begehung.
Ist die Unterrichtsschule am Ende?

»Wie kann Schule Religion ›gebrauchen‹?« Aus kirchlicher Sicht grenzt diese Formulierung an Häresie. Ein Religionslehrer sollte vielmehr fragen: »Wie lehren wir die christliche Religion? Wie kann die Kirche die Schule zur Vermittlung ihrer Botschaft nutzen?«. In diesem Beitrag wird die Perspektive umgedreht. Ich frage aus der Sicht der Schüler, aus der Sicht der Schule: »Wie ist ein möglicher Nutzen von (teilweise christlich geprägten) Ritualen in der Schule zu bestimmen?«
Überraschen mag das »Ritual« als Anknüpfungspunkt. Es ist gar nicht lange her, da wurde über Rituale mit einer ganz anderen Stoßrichtung gesprochen. Sie wurden radikal kritisiert. Es galt in erster Linie, sie abzuschaffen. Ein zentrales Thema in der Folge der 68er-Bewegung war die Auflösung erstarrter Formen. Die »Sprengung« einer verlogenen Abiturientenverabschiedung galt als Fortschritt. »Happenings« waren eine beliebte Gegenform, sie waren gleichsam die »Antirituale«.
Heute, 25 Jahre später, tönt alles etwas anders. In Salem, der Internatsschule, über die ich im folgenden Beitrage berichten werde, ist es z.B. (wieder) selbstverständlich, daß die Schüler säuberlich ihre Schulpullover und die graue Festhose anziehen für einen würdigen Rahmen der Abiturienten-Entlaßfeier. Und unangemeldete Happenings versetzen mich in Zorn, ich werde sie schleunigst vereinnahmen oder unterdrücken.

1. Über die Wiederentdeckung der Rituale

Was hat den Sinneswandel ausgelöst, der zur Wiederentdeckung der Rituale führte? Wohlfeile Erklärungsmuster scheinen auf der Hand zu liegen:

– Die 68iger-Kulturrevolutionäre sind in die Jahre gekommen und entwickeln erste Anzeichen von Alterssentimentalität, weil sie die heile Welt ihrer eigenen, angeblich geordneten Kindheit wiedergewinnen wollen?
– Oder ist der Rekurs auf die Rituale ein Rückzugsgefecht der Großkirchen, die die modisch-esoterisch besetzten Muster nutzen wollen, um mit allen Mitteln ihren unaufhaltsamen Mitgliederschwund zu stoppen?
– Oder sind Schulrituale vor allem ein sanftes Disziplinierungsmittel der Schulleute, um unangepaßte Jugendliche ruhig zu stellen?

– Oder schwimmt man nur auf einer neuen Welle des Konservativismus, der, nachdem revolutionäre Veränderungen nun endgültig obsolet geworden sind, wieder Konjunktur hat?
– Oder ist es einer der üblichen Pendelausschläge sozialen Wandels? Form und Inhalt sind im Prozeß der Veränderung dialektischen Sprüngen ausgesetzt. Vielleicht ist nur die marxistische Geschichtstheorie wieder von der Basis zurück auf den Überbau zu transponieren?

All dies mag in Ansätzen auch zur Erklärung dieses Gesinnungswandels in den letzten 25 Jahre beitragen. Für mich stellt sich die Wiederentdeckung der Rituale in einem anderen Licht dar. Es sind vor allem pädagogische Gründe, die der Suche nach alten und neuen Ritualen ihre Dringlichkeit geben.

Vor 14 Tagen wurde für das kommende Schuljahr ein Mädchen in unserer Internatsschule angemeldet, ich nenne sie Christina. Ich gebe die Schilderung der alleinerziehenden Mutter wieder, die sich durch die Auseinandersetzung mit der vorpubertären Tochter restlos überfordert fühlt. Christina kommt mittags aus der Schule, müde und gelangweilt. Niemand ist zu Hause. Christina hat keine Geschwister. Ein Zettel liegt auf dem Küchentisch: »Das Essen ist in der Tiefkühlbox, Du kannst wählen zwischen den drei Festtagsgerichten, die Mikrowelle hab ich wieder heil machen lassen!«. Die Getränkebar mit Cola, Fanta und Sprite ist reichlich besetzt. Christina klappt den Kühlschrank wieder zu und holt die Chipsvorräte. Der Fernseher wird angestellt. Die nächsten drei Stunden des Nachmittags sind gesichert. Die Mutter hatte gesagt, sie solle doch einmal rausgehen. Sie geht zur Skateboardbahn, wo sich normalerweise immer ihre Klassenkameraden treffen, der einzige Platz auf den zubetonierten Flächen, der für Kinder geeignet sein soll. Man verabredet sich zur nächsten Videospiel-Session bei der Freundin. Deren Eltern kommen abends gar nicht nach Hause.

Ich beende die Szene, den Rest kann man sich vorstellen. Das Beispiel mag extrem erscheinen – das Problem, das damit markiert werden soll, ist jedoch weit verbreitet. Ich muß nicht mit bekannten Zahlen langweilen – über den stetig wachsenden Anteil der alleinerziehenden Mütter, der Scheidungsweisen, der Doppelverdiener, über die Unwirtlichkeit und Kinderfeindlichkeit unserer Städte usw. – Die Armut der Kinder in dem Reichtum unseres Landes ist offenkundig. Vereinzelung, Narzißmus, Verantwortungsverlust, Konsumhaltung – der Lasterkatalog der Moderne ist lang. Und die Spitzen des Eisbergs sind nur allzu bekannt: Solingen und Hoyerswerda, Ecstasy und U-Bahnsurfen, exzessive Gewalt und privatistischer Rückzug.

2. Ist die Unterrichtsschule am Ende?

Ist die Unterrichtsschule am Ende? Angesichts der konkreten Lebenssituation der Kinder in der heutigen Zeit scheint sie in der Tat am Ende. Die z. T. dramatischen Zerfallserscheinungen an den Schulen werden uns von »Spiegel«, »Stern« oder »Focus« im halbjährigen Abstand bitter oder hämisch vor Augen geführt. Diese Zerfallserscheinungen aber sind meines Erachtens nicht in erster Linie eine Folge der ökonomischen Austrocknung der Schulen (die angesichts des Reichtums unseres Landes gleichwohl ein unerträglicher Skandal bleibt). Die Krise der Schule ist auch nicht im individuellen Versagen der Lehrer begründet (obwohl die mangelnde Personalführung an unseren Schulen jeden normalen anderen Betrieb dieses Landes längst in Grund und Boden gewirtschaftet hätte). Kern des Problems ist vielmehr eine fundamentale Strukturkrise unseres Bildungssystems. Es gibt bestimmte elementare Voraussetzungen, die Zielsetzung und Organisation unserer Schulen in ihrer bisherigen Form bestimmt hatten. Und diese Voraussetzungen gelten nicht mehr – Zielsetzung und Organisationsform aber haben sich nicht oder nicht hinreichend geändert. Freiarbeit, handlungsorientierter Unterricht, Projektlernen, Gestaltpädagogik – und was sonst noch in den verschiedenen Didaktiken Konjunktur hat – es bleibt ein Kurieren an Symptomen.

1. Die Unterrichtsschule in ihrer bisherigen Form setzte voraus, daß die Erziehung der Kinder außerhalb geleistet wird, daß Gemeinschaftsfähigkeit vorhanden ist, daß Leistungswille, Selbstwertgefühl, Fähigkeit zum Triebverzicht im Rahmen der Familie aufgebaut werden – all dieses aber ist nicht mehr der Normalfall. Untersuchungen von Klaus Hurrelmann aus Bielefeld zur psychischen Gesundheit von Kindern haben ergeben, daß in jüngster Zeit über 25% aller Jugendlichen in ihrer Persönlichkeitsentwicklung als massiv gestört gelten müssen – und zwar vor allem aufgrund des Versagens der familiären Sozialisation.

2. Die Unterrichtsschule in ihrer bisherigen Form setzte voraus, daß sie, die Schule, nach der Familie das maßgebliche »Tor zur Erkenntnis und Deutung von Welt« ist. Dies Monopol ist längst gebrochen. Neue Medien, Verkehrsmittel, die Käuflichkeit aller Dinge – all dies aber führt dazu, daß die natürliche Neugier von Kindern, die der Unterricht in früherer Zeit nutzen konnte, längst außerhalb und – im Vergleich zu den Möglichkeiten des Unterrichts – ungleich besser befriedigt wird. Zumindest vordergründig.

3. Die Unterrichtsschule in ihrer bisherigen Form setzte voraus, daß sie sich weitgehend auf die Bildung des Kopfes beschränken kann, daß sie letztlich Wörterschule bleiben kann. Praxis, also die Bildung der Hände und des Herzens, konnte außerhalb geschehen. Die – im wörtlichen und übertragenen Sinne – zubetonierte, »zweidimensionale« Umwelt der Kinder, isoliert vom Arbeitsleben der Erwachsenen, läßt all dies nicht mehr zu.

Es ist unabweisbar. Wir müssen – um einen Titel von Hartmut von Hentig zu gebrauchen – »Schule neu denken«. Und zwar radikal, von der Wurzel her. Denn zu dem uneingeholten sozialen Wandel kommen eine Reihe weiterer schwerwiegender struktureller Widersprüche: der Widerspruch zwischen Bildungs- und Selektionsauftrag der Schule, der Widerspruch zwischen der Notwendigkeit exemplarischen, detailbezogenen Lernens und enzyklopädischem Anspruch des Fächerkanons, der Widerspruch zwischen ehrgeizigen Bildungszielen und realen Berufschancen im Zeitalter zunehmender offener oder verdeckter Arbeitslosigkeit usw.

Nun könnte die Formulierung des Themas meines Beitrages ein Mißverständnis nahelegen: Ritual, Feier, Begehung wären die Lösung des Problems. Das ist natürlich nicht der Fall. Die elementare Krise der Erziehung muß vielmehr mit einer radikalen Reform der Schule beantwortet werden. Aber in dieser umfassend neu zu denkenden Schule hätten auch Rituale und Feiern ihren festen Platz. Weiterhin einen festen Platz hätte allerdings auch der Unterricht. Ich bin nicht so naiv zu glauben, daß sich die deutschen Rechtschreibregeln in Projekten vermitteln ließen, daß mathematisches Denken ohne systematisches Üben möglich wäre, daß die Sicherung des englischen Grundwortschatzes in einer deutschen Umgebung ohne Pauken ginge. Kinder müssen in unserer Gesellschaft mindestens Rechnen, Lesen, Schreiben, Englisch und den Umgang mit dem Computer lernen, damit sie sich überhaupt zurechtfinden können. Kinder müssen so vorbereitet werden, daß sie berufliche Felder erschließen können, die ihren unterschiedlichen Fähigkeiten und Anlagen entsprechen. Und für das Erlernen mindestens von Rechnen, Lesen, Schreiben, Englisch braucht man auch weiterhin den Unterricht. – Ich habe jedoch meine erheblichen Zweifel, ob man für Platon, Goethe und die Bibel in erster Linie Unterricht braucht. Für Platon braucht man nächtliche Gespräche, für Goethe die Theaterbühne und für die Bibel – und nun bin ich bei meinem Thema – auch das Ritual. Konventioneller Unterricht kann in der Regel Wissen, aber nur selten primäre Erfahrung vermitteln. Alle religionspädagogischen Bemühungen, diese zu ersetzen, in allen Ehren. Ich halte dies nach 15 Jahren intensiver Erfahrung mit Abiturskursen im Fach Religion für eine weitgehend verlorene Liebesmühe. Konventioneller Unterricht kann gar nicht oder nur sehr begrenzt eine religiöse Sozialisation nachholen, die nicht in das Leben der Kinder und Jugendlichen integriert war.

Auf die Eingangsfrage »Ist die Unterrichtsschule am Ende?« antworte ich mit zwei widersprüchlichen Sätzen.

– Die Unterrichtsschule ist am Ende. Der Unterricht in der Schule aber ist erst am Anfang.

Was folgt aus den bisherigen Überlegungen? Ich möchte meine Antwort mit zwei Gedanken entfalten:

– Schule muß zum Lebensraum werden. Dann haben auch Rituale, Feier, Begehung ihren Platz.
– Nur wenn in der Schule auch Rituale, Feier, Begehung ihren Platz finden, kann sie zum Lebensraum der Kinder und Jugendlichen werden.

3. Schule muß zum Lebensraum werden, damit Rituale, Feier, Begehungen ihren Platz haben können.

Wie kann das geschehen? Ich möchte eine Schulentwicklung, die diesen Sätzen entsprechen könnte, andeuten, indem ich aus meiner Schule berichte. Die Schule Burg Hohenfels ist Unterstufe des Internats Salem. Es müßten eigentlich an dieser Stelle eine ganze Reihe weiterer Schulen vorgestellt werden – dabei handelt es sich gar nicht um die großen herausragenden »Modellschulen«, sondern es gibt in unserem Land eine sich ständig ausweitende und hoffnungsfroh stimmende »Graswurzelpädagogik«: Unbekümmert von dem öffentlichen Gejammer über die triste Schulwirklichkeit und unberührt von den schultheoretischen Erörterungen, warum eine Reform im kleinen eigentlich gar nicht möglich sein kann (s.o.), gibt es einzelne Kollegen oder Kollegien, von denen Erstaunliches zu berichten ist. In Baden-Württemberg sind dies vor allem die Grund- und – man höre – die Sonderschulen.

Ein reformpädagogisch orientiertes Internat, aus dem ich komme, wird für viele sehr fern sein, manchem mag es wie der Bericht von einem fremden Stern erscheinen. Auf alle Fälle wirkt es auf den ersten Blick wie die nahezu unglaubliche Verwirklichung einer pädagogischen Utopie.

85 Kinder im Alter zwischen 10 und 12 Jahren leben und lernen gemeinsam auf einer einsam gelegenen Burg, das nächste Dorf ist 4 km entfernt. Die ca. 20 Erwachsenen wohnen mit den Kindern zusammen. Es ist das absolute Gegenbild zu dem, wie Kinder Schule sonst erleben.

– keine Anonymität, sondern ein persönlicher Bezug zwischen Erwachsenen und Kindern.
– kein Beton, kaum Autos, Fernsehen und Gameboys sind quasi abgeschafft, stattdessen Wald, Tiere, Werkstätten.
– kein Rückzug ins Einzelkämpfertum, sondern relativ strenge Anforderungen, sich den verbindlichen Regeln des gemeinsamen Lebens zu fügen.

Die Grenze zwischen schulischen und außerschulischen Aktivitäten verläuft ausschließlich auf der zeitlichen Achse: Räume und Personen sind dagegen in beiden Feldern identisch. Unterricht ist hier nur noch eine der notwendigen Funktionen von Schule. Beide Aufgaben – Erziehung und Unterricht – fließen unmittelbar ineinander. Die Einheit von Leben und Lernen, das umfassende Verständnis einer ganzheitlichen Erziehung gehört zu den reformpädagogischen Kerntraditionen so etablierter Internate wie der Odenwaldschule, Salems oder des Birklehofs. Nicht ohne Grund befinden sich Internats- und Schulräume im gleichen Gebäude. Nicht ohne Grund haben unsere Lehrer immer zugleich auch Erziehungsaufgaben im Internat – und wirken unsere Sozialpädagogen und Erzieher im Unterricht mit.

Man könnte einwenden: Ist eine solche Lebensform (ich spreche zunächst bewußt nicht von Schule) überhaupt noch zeitgemäß? Wo bleibt die Auseinandersetzung mit der modernen Gesellschaft, die doch so ganz anders ist: hochdifferenziert, arbeitsteilig, technisch, anonym? Wie können die Kinder in einem solchen »Gewächshaus« genügend Widerstandskraft entwickeln, um auf den ungeschützten Krisenfeldern der Moderne zu bestehen?

Ist das Modell einer reformpädagogischen Internatsschule übertragbar? Es ist weder realistisch noch wünschenswert, alle 10- bis 12-jährigen dieses Landes auf romantische Ritterburgen nach dem Kinderbuchtypus der Burg Schreckenstein zu entführen. Aber die Auseinandersetzung mit »Extremen« provoziert die Phantasie. Angesichts der dramatischen Veränderung der Familienstrukturen und der Arbeitswelt müssen wir sehr sorgfältig alle Alternativen prüfen – eine tragfähige Lösung wird sicherlich die Ganztagsschule sein, eine andere ist aber sicher auch für manche Kinder ein gutes Internat. Beide Schultypen – Internat und Ganztagsschule – können viel voneinander lernen. In der Auseinandersetzung mit den reformpädagogischen Traditionen der Internatserziehung lassen sich u.a. drei wichtige strukturelle Problemfelder formulieren, die ich nur nenne, um den programmatischen Kontext anzudeuten, in dem die Frage nach den Schulritualen stehen muß:

1. Zur Rolle des Lehrers: Welche Qualitäten muß die Beziehung zwischen Erwachsenen und Kindern haben? Was muß geschehen, wie muß sich das professionelle Selbstverständnis von Lehrern ändern, damit sich Kinder von den Erwachsenen vor allem angenommen wissen, und nicht etwa – wie bisher häufig – in erster Linie bewertet? Welche Zeitkontingente, welche Begegnungsräume müssen zur Verfügung gestellt werden, damit die »Beziehungsarbeit« vor die »Lernarbeit« treten kann?

2. Zur Schule als Lernort: Wie muß die unmittelbare Umwelt der Schule sich verändern? Muß es vielleicht so etwas wie eine »Ökologie der Schule« geben? Wie ärmlich, wie unerträglich eng sind doch die Klassenräume und Schulgänge, in denen die Schüler Tausende von Stunden ihres kostbaren Lebens verbringen müssen? Der Stall, das Gewächshaus, der Wald, der Bach – das sind auf dem Hohenfels der eigentliche Biologiesaal, das Burgmuseum unser Geschichtsort, die Kapelle der Erfahrungsraum für den Religionsunterricht, der Fahrradsattel der Sitzplatz für den Geographieunterricht.

3. Zur Gestaltung des gemeinsamen Lebens: Welche Gegengewichte müssen geschaffen werden gegenüber den starken Individualisierungstendenzen, die mit der Überflußgesellschaft und mit der Entwicklung zur Kleinstfamilie einher gehen?

Mit der letzten Frage ist der Ort angegeben, an dem Rituale ihren konzeptionellen Platz haben. Ohne einen von Grund auf akzeptierenden, freilassenden, persönlichen Umgang zwischen Erwachsenen und Kindern verkommen Rituale in der Schule zum Dressurmittel. Ohne eine Gestaltung der Schule als einem lebendigen, Spielräume eröffnenden Lernort werden sie zum Zwangsinstrument.

4. Nur wenn in der Schule Rituale, Feiern, Begehungen ihren Platz finden, kann sie zum Lebensraum der Kinder und Jugendlichen werden.

Ich möchte jetzt die Überschrift, die ich dem vorangegangenen Abschnitt gegeben hatte, umkehren: Schule braucht Rituale, Feiern, Begehungen, damit sie zum Lebensraum werden kann. – Nein, nicht die Schule braucht die Rituale, sondern die Kinder: Das Leben von Christina ist deswegen so arm, weil es wie eine graue, tote Fläche ist, weil es keine wirklichen Höhepunkte kennt, weil die Primärerfahrungen ausbleiben, weil ein Begehen von Lebens-Räumen gar nicht mehr möglich ist, weil sie im Blick auf ihre Gestaltungsfähigkeit für ein Leben in Gemeinschaft gleichsam ein sozialer Analphabet geblieben ist. Christina versinkt in »virtuellen Realitäten«.
Welche Rituale, Feste, Begehungen gibt es in Salem, die für Christina eine neue, herausfordernde Gegenwelt darstellen könnten?

4.1 Rituale

Ich habe in der letzten Woche meine 5. Klasse, in der ich Deutsch unterrichte, zu den Hohenfelser Gebräuchen gefragt und Assoziationen aufschreiben lassen. Dabei fiel auf, daß die wichtigsten Rituale für die Kinder offensichtlich diejenigen sind, die den Tageslauf gliedern. Auf die offene Frage: »Welche Gebräuche, die für uns auf dem Hohenfels wichtig sind, fallen Dir ein?«, wurden vor allem genannt:

– der alltägliche Morgenlauf um die Burg;
– die Zäsuren durch die gemeinsamen Mahlzeiten, die durch das Tischgebet eingeleitet und beendet werden;
– das abendliche Silentium, das durch das Läuten unserer Kapellenglocke abgeschlossen wird.

Die Funktionen dieser Rituale sind evident. Sie geben den Kindern Sicherheit. Sie helfen, Ordnung in einen Zustand zu bringen, der ständig von größter Unordnung bedroht ist. Sie schaffen die Voraussetzung für die zuverlässige Begegnung von Menschen. Sie weisen über die kleine Welt unserer Burg hinaus.
Ich möchte einige der Antworten vorstellen, die die Schüler zu diesen Ritualen aufgeschrieben haben. Die Fragestellung hieß:
»Versuche einmal möglichst genau aufzuschreiben, welche Gedanken/Gefühle Dir durch den Kopf gehen bei einer der genannten Situationen:«

Thomas schreibt zum Morgenlauf: »Ich stehe auf und weiß, daß ich laufen muß. Ich ziehe mich an, gehe zur Tür raus und denke an zu Hause. Manchmal bekomme ich dann großes Heimweh. Das verdrücke ich dann schnell wieder. Während ich laufe, bereite ich mich auf einen neuen Tag vor und denke an gute und schlechte Sachen. Dann freue ich mich und bin gespannt, wie er wird.«

Michael schreibt zu der Frage »Was geht Dir durch den Kopf, wenn es still wird zum Tischgebet in der Scheune?«: »Ich denke bei dem Gebet, ›Gott gibt jedem Vogel seine Nahrung, wirft sie ihm aber nicht ins Nest‹ an die Kinder aus Afrika, die Tag für Tag sterben, denn sie haben keine Nahrung.«

Chris schreibt: »Ob es wirklich Gott gibt?«

Bianca: »Man muß leise sein und darf sich noch nicht hinsetzen. Beim Essen soll niemand raffen, und jeder soll warten, bis alle am Tisch etwas haben.«

Nils: »Ich denke, daß das Tischgebet gut ist, weil man mal die Gelegenheit kriegt, sich um sich selber und auch um die anderen zu kümmern.«

Carlos schreibt zum abendlichen Silentium, wenn die Glocke läutet, seine Gefühle und Gedanken: »Morgen beginnt ein neuer Tag. Ach ja, dann geht alles vom Neuen los.«

Natascha schreibt zu der gleichen Situation: »Ich denke über meine Familie, über mein Zuhause und über meine Verwandten nach. Ich spüre nur noch mich. Die anderen Kinder in meinem Zimmer denken wohl manchmal, ich spinne. Ich merke, daß ich ein bißchen Heimweh habe. Was macht mein Bruder gerade? Hat er Streit? Schaut er Fernsehen? Ist er krank? Was macht er? Ich mache mir Sorgen und Gedanken über meine Eltern und Verwandten. Da höre ich einen Krankenwagen, und dann denke ich, ist meiner Familie etwas zugestoßen? – Dong! – Die Glocke läutet, Frau Nüßle kommt und drückt mir einen Kuß auf die Wange. Ich bin mir sicher, daß ich wieder zu mir gefunden habe, und schlafe sehr schnell ein.«

Chris: »Wenn ich die Glocke am Ende des Silentiums höre, bekomme ich Bauchschmerzen und versuche zu schlafen. Ich denke nach über mein zum Teil beschissenes Leben, manchmal denke ich dann an Selbstmord. Ich versuche an nichts mehr zu denken, aber irgendwie mache ich mir dann Sorgen um meine Mutter, Oma, Opa, meinen Onkel, und an die anderen Leute denke ich dann auch. An etwas denke ich jede Nacht, nämlich an meine frühere Schule, und jedesmal wünsche ich mir, noch mal am Anfang des Jahres anzufangen. Ich wünsche mir, in der alten Schule aufzuwachen. Und am nächsten Morgen bin ich sehr müde.«

Martina: »Beim Abendläuten denke ich oft: ›Oje, morgen haben wir zwei Stunden Sport‹, oder: ›es ist ja noch hell,‹ oder mit dem Teddy im Arm: ›Ob Kuscheltiere denken können?‹«

Soweit die Schülerzitate; gleichsam die inneren Monologe der Kinder bei für uns ganz alltäglichen Ritualen. Ich habe bislang immer die These vertreten, daß den verschiedenen Alltagsriten auf dem Hohenfels, die den Tag, die Woche gliedern helfen, vor allem eine ordnende und konfliktreduzierende Funktion zukommt. Man muß sich nicht streiten, wie der Tag, die Mahlzeiten, das Einschlafen beginnt oder endet. Die gemeinsamen Tätigkeiten erhalten einen Rahmen, in dem sie sich ruhig und wertbewußt entfalten können. – Die Schülerantworten zeigen darüber hinaus, daß diese Momente des Stillwerdens, des Innehaltens noch ganz andere wichtige, emotionale Funktionen haben. Das Heimwehthema spielt bei einigen Kindern eine große Rolle. Man könnte vielleicht sogar soweit gehen und sie als vorliturgische Gebete bezeichnen.

4.2 Feste und Feiern

Neben diesen Alltagsriten gibt es darüber hinaus einen zweiten wichtigen Ritual-Typus, nämlich die großen Feste und Feiern, die – jahreszeitlich geprägt – unser Schuljahr gliedern. Mindestens dreimal im Jahr feiern wir auf dem Hohenfels ein großes Fest, in jedem Trimester in der Regel eines. Dafür fällt Schule aus; dafür opfern die Erwachsenen viel Zeit, dafür stehen Mittel zur Verfügung.
Ich beschreibe in groben Zügen eines unserer wichtigsten Feste, die Siebtkläßler-Verabschiedung am Ende des Schuljahres. Dazu muß man wissen, daß die Salemer Schule in drei verschiedene Stufen geteilt ist, die sich an verschiedenen Orten befinden. Der Schritt von der Klasse 7 zur Klasse 8 und später der von Klasse 11 zu 12 bedeutet jeweils einen Wechsel in eine ganz neue altersgemäße »Internatskultur«. Die Siebtkläßler-Verabschiedung ist also zugleich immer auch so etwas wie ein Schwellenritus.
Erste Station dieses Festes ist in jedem Jahr eine große Ralley, die die Siebtkläßler für die Jüngeren ausdenken und organisieren (so gab es im letzten Jahr eine riesige Seifenrutsche, ein Wasserluftballonschießen, Geschmacksproben u.a.).
Danach folgt ein festliches Abendessen in angemessener Kleidung, mit selbstgespielter Tafelmusik, mit Kerzen und Tischdecken, die es sonst nicht gibt. Das Essen ist – weil aufwendiger als sonst – gemeinsam mit einigen Kindern durch die Küche vorbereitet worden.
Das Festessen wird beschlossen mit der Verleihung der Hohenfelser Auszeichnungen. Das sind symbolische Preise, die nach historischen (oder erfundenen) Gestalten aus der Geschichte des Hohenfelses benannt sind. Dem besten Musiker hat der Minnesänger Burkhard von Hohenfels aus dem 12. Jahrhundert den Preis gestiftet, oder das zeitlos ewige Schloßgespenst »Spuki« ehrt den besten Streich, der Burgschreiber Bobleter hat eine Urkunde für den Chronisten verfaßt.
Als letzte Station folgt in der buntdekorierten Turnhalle ein Tanzabend, in dem die Schulband der Oberstufe selbst die Musik macht. Der Abend wird unterbrochen durch lustige, anspielungsreiche oder nur einfach übermütige Einlagen von Kindern und Erwachsenen.
Die Qualitäten eines solchen Festes sind offenkundig: Die Schüler erfahren, daß ein Fest dann gelingt, wenn es aus der eigenen Gestaltung heraus lebt. Das Miteinanderleben erfüllt sich in der aktiven Beteiligung aller vor Ort. Die Fröhlichkeit, die diese Feste auf dem Hohenfels allen

Beteiligten vermitteln, ist schwer zu beschreiben. Ein solches Fest ist keine Vorführung wie das Potemkinsche Dorf am Elterntag. Ein echter Ritus verträgt keine Zuschauer.
Aber eines ist offenkundig: Das Reden über den Wert der Gemeinschaft, z.B. im Religionsunterricht, hat nur dann überhaupt einen Sinn, wenn es mit solchen Erfahrungen gesättigt ist. Das höchst sublimierte christliche Symbol der Mahlgemeinschaft gar muß gänzlich sinnleer bleiben, wenn Gemeinschaftserfahrungen selbst weitgehend fehlen.

4.3 Begehungen

Christoph Bizer hat mit dem Begriff »Begehung« als didaktischer Kategorie experimentiert und dabei interessante Perspektiven eröffnet. Ich habe darüber nachgedacht, ob sich dieser Ansatz auch in unserem Schulleben wiederfinden läßt. Er ist in der Tat an einer ganz zentralen Stelle zu entdecken, nämlich bei einem unserer wichtigsten »Initiationsriten« zu Beginn eines jeden Schuljahres. Dabei handelt es sich um Begehungen im wörtlichen Sinn.
In der ersten Stunde am ersten Schultag des neuen Schuljahres wird seit der Gründung der Schule alljährlich das Gleichnis vom Barmherzigen Samariter im Luthertext vorgelesen oder häufig auch neu erzählt. Nach dieser Kapelle gibt es zwei wichtige Begehungen. In der zweiten Schulstunde des neuen Schuljahres findet eine »Tandemführung« statt: Jeder neue Schüler wird von jeweils einem alten ausführlich durch die Schule geführt. Dabei geht es gar nicht in erster Linie um das Kennenlernen der neuen Orte und Wege. Es geht vor allem um die bewußte Begegnung mit den Menschen, die das konkrete Leben in unserer Internatsschule sichern: dem Koch, den Hausmeistern, dem Zivildienstleistenden, den Putzfrauen, den Küchenfrauen usw. Jeder der rund 35 neuen Schüler sagt persönlich »Guten Tag« oder, wie es in Süddeutschland merkwürdigerweise heißt, »Grüß Gott«.
Und am Nachmittag des ersten Tages gibt es eine zweite Begehung, ein Weg von ungefähr zwei Kilometern. Es werden die Schulgrenzen umschritten. Die Schulgrenzen sind der Bereich, in dem sich alle Schüler ohne Abmeldung aufhalten können, sie markieren die sogenannte Sicht- oder Hörgrenze der Burg. Dieser Gang hat nicht nur die ganz praktische Aufgabe, den Kindern das Gelände vertraut zu machen. Er hat auch einen großen ästhetischen Wert: Die z.T. verblüffenden, sehr unterschiedlichen Ansichten der Burg und der Umgebung werden auf diesem Weg zum ersten Mal bewußt gesehen. Und schließlich: Der Gang entlang der Grenzen hat – wahrscheinlich nicht nur für die beteiligten Lehrer – eine starke symbolische Bedeutung.

5. Von den Grenzen der Pädagogischen Provinz

Ich möchte zum Abschluß das Symbol dieses Grenzweges erklären mit einem kurzen Gang durch die »Pädagogische Provinz«. Eine derzeit geläufige Formel zur Kennzeichnung der Lage der Kinder (und nicht nur der Kinder) lautet: »Kinder und Jugendliche leben in einer für sie unübersichtlich gewordenen Lebenswelt«.
»Unübersichtlichkeit« – ein Beispiel: Es ist vielleicht dunkel oder gar – das ist für mich immer das Schlimmste – nebelig. Und Abgründe gibt es reichlich. Was ist zu tun? Der Erfahrene schränkt sofort seinen Aktionsradius rasant ein, markiert und merkt sich genau die Grenze zwischen bekanntem, sicherem und unbekanntem, unsicherem Terrain. Und dann erweitert er langsam, schrittweise dieses Terrain, jederzeit bereit, den Rückzug anzutreten. Sobald er einen gebahnten Weg findet, der sich nicht als Holzweg erweist (davon gibt es bei uns im Bodenseehinterland ziemlich viele), geht er beherzt weiter, in der Hoffnung, möglichst bald ein Wegzeichen, einen Kirchturm, eine alte Linde zu finden. Am besten, er trifft einen Menschen, den er fragen kann. Denn dann weiß er im ungünstigsten Fall wenigstens sicher, daß er in die falsche Richtung gegangen ist, und kann umdrehen.
Warum verwende ich dieses Gleichnis? Für mich ist dies ein gutes Bild, warum es sinnvoll ist, für Kinder im Alter zwischen 10 und 12 Jahren die Grenze zwischen übersichtlichem, bekanntem, sicheren Terrain und unbekanntem, unsicherem Gelände vorsichtig, schrittweise, den verfügbaren Kräften gemäß zu erweitern. Es ist ein Bild, das mich zur Verteidigung der Pädagogischen Provinz herausgefordert hat.
Der Begriff der »Pädagogischen Provinz« stammt aus dem 18. Jahrhundert. Goethe hat ihn in seinem Roman »Wilhelm Meister« geprägt. Man könnte also durchaus zu Recht ein pädagogisches Programm anzweifeln, das im ausgehenden 20. Jahrhundert damit in Verbindung gebracht werden soll. Ich hatte nach der kurzen Skizze der Salemer Unterstufe die Frage gestellt: Wo bleibt die Auseinandersetzung mit der modernen Gesellschaft, die doch so ganz anders ist: hochdifferenziert, arbeitsteilig, technisch, anonym. Wie können die Kinder genügend Widerstandskraft entwickeln, um in den Krisenfeldern der Moderne zu bestehen? In Anbetracht der oben angedeuteten Rahmenbedingungen für das Aufwachsen von Kindern und Jugendlichen in unserer heutigen Gesellschaft erscheint mir die Wiederentdeckung bestimmter »pädagogischer Schonräume« kein Rückschritt, sondern ein Fortschritt. Wichtig ist allerdings, daß ein solcher Schonraum nicht ein starres Gebilde ist. Es geht um die schrittweise, den verfügbaren Kräften gemäße Erweiterung des Geländes. Ich möchte das Spiel mit der Habermas'schen Formel von der »Neuen Unübersichtlichkeit« verlassen und dafür das Bild der »Pädagogischen Provinz« in vierfacher Hinsicht ausmalen. Dabei erinnere ich noch einmal daran, es geht auf dem Hohenfels um einen Ort, an dem 10- bis 12jährige Kinder, also keine »Halbwüchsigen« und auch keine Oberprimaner leben. Das Mittelstufeninternat oder gar das Ober-

stufeninternat der Schule Schloß Salem, zu der der Hohenfels gehört, wird mit anderen Bildern zu beschreiben sein. In diesem Zusammenhang ist es wichtig, sich von geläufigen Vorurteilen gegenüber einer Internatserziehung zu lösen. In den USA wird die Sache, um die es mir geht, als neueste Erfindung gefeiert und mit einem werbewirksamen Etikett versehen. Dort heißt die pädagogische Provinz seit kurzem »Full Service School«.

Ich nenne vier Merkmale der »Pädagogischen Provinz«: die Grenzen, die Wege, die Randlage und die gestalteten Räume. Es wäre den Versuch wert, einmal an anderer Stelle genauer zu untersuchen, mit welchen Modifikationen sich diese vier Prinzipien aus der Internatserziehung z. B. auf die Ganztagsschule übertragen lassen.

– Eine Provinz hat Grenzen. Es gibt bestimmte Dinge, die nicht hineingelassen werden. Ich nenne Drogen, ich nenne das Dauerfernsehen, ich nenne den schrankenlosen Konsum.

– Es gibt Wege in dieser Provinz. Das sind die Normen, wie wir miteinander umgehen, Regeln des Alltags, die wir konsequent einfordern: Es darf niemand gequält werden, die Schwächeren müssen geschützt werden, Gewalt psychischer oder physischer Art kann kein Konfliktlösungsmittel sein usw.

– Eine Provinz hat als typisches, zu Unrecht häufig negativ besetztes Kennzeichen eine Randlage. Sie liegt nicht im Zentrum, ist aber sehr wohl – mehr oder weniger lose – mit diesem Zentrum verbunden.

– Und schließlich gibt es planvoll gestaltete Gebäude in dieser Provinz: Wie wir unsere Feste feiern, wie wir Gemeinsamkeit ausdrücken, wie wir unsere Umgebung einbeziehen.

Diese Räume allerdings, die eine pädagogische Provinz eröffnet, dürfen nicht abschließen, die Wege müssen über die Grenzen hinausführen. So wie gute, lebendige Rituale innere Spielräume nicht zusperren, sondern aufschließen.

Dietrich Korsch

Mit der Bibel Gott im Leben entdecken

Mit der Bibel Gott im Leben entdecken: Mit »Bibel« und »Leben« sind die beiden Pole benannt, zwischen denen der Unterricht ebenso wie die Predigt eine solche Spannung aufbauen wollen, daß es darüber zu einer Erkenntnis Gottes kommt. Der nachfolgende Text ist ein Vortrag, der auf einem ökumenischen Studiengang in Passau 1992 gehalten wurde. Er versucht, biblische Einsichten – nahe am Text – für heutiges Selbst- und Gottesverständnis fruchtbar zu machen, indem er aus der Bibel Kategorien der Erfahrung gewinnen möchte; das ist ein Modell, das mir auch für den Unterricht aussichtsreich zu sein scheint. Diese Absicht verlangt einen eigentümlichen Sprachgebrauch, in der Mitte schwebend zwischen Verkündigung und Reflexion. Als Dokument des praktischen Sinnes dogmatischer Theologie ist er hier unverändert wiedergegeben und will gerade in dieser Gestalt Christoph Bizer grüßen.

1. Gott im Leben begegnen

Gott im Leben begegnen. Darin steckt eine These und eine Frage.
Die These heißt: Es gibt, auch in unserem Leben, so etwas wie Gottesbegegnung. Das ist eine These, die Aufmerksamkeit auf sich zieht. Denn wenn es das wirklich gibt, Gottesbegegnung, dann müßten wir sie doch suchen. Dann wäre das die Verheißung, die auch unser Leben zu seinem Sinn und Ziel bringt.
Doch schon damit verwandelt sich die These in die Frage: Wo wäre denn Gott zu suchen, daß er uns begegnen könnte? So, daß wir sicher sein können, es wirklich mit ihm zu tun zu haben? So, daß er nicht nur ein unbekanntes, unbestimmtes Jenseits unseres Lebens ist?
Von Gottesbegegnungen lesen wir in der Bibel. Von vielfältigen Weisen Gottes, sich bekannt zu machen, und von den unterschiedlichsten menschlichen Gestalten, denen seine Gegenwart widerfuhr. Immer fand diese Begegnung im Leben der biblischen Menschen statt. Hatten sie es gut, mag uns der Seufzer entfahren. Sie besaßen die Gewißheit und Klarheit, die wir uns wünschen, aber immer nur suchen.

Unser Inneres pflegt nämlich nicht so deutliche Auskunft zu geben. Es existiert da im Innern, natürlich, die Welt der religiösen Gefühle. Ich erinnere mich noch gut daran, wie tief ich berührt war, als ich nach der Konfirmation zum ersten Mal am Abendmahl teilnahm. Und bei jedem von uns, so vermute ich, gibt es Erinnerungen an Momente innerer Freude, tief empfundenen Trostes, fester Hoffnung. Immer geknüpft an Lebenserfahrungen, an Zeitpunkte in unserem Lebenslauf.

Aber das macht ja das Eigentümliche unserer Gefühle aus, daß sie vorübergehen. Daß sie sich einmal einstellen und dann auch wieder nicht. Daß sie, wenn sie da waren, auch wieder verschwunden sind. Und auch davon sind sie allesamt geprägt, daß sie immer mit äußeren Lebensumständen verwoben sind. Ein reines Gefühl könnten wir gar nicht fühlen. Unmittelbar zugänglich sind uns unsere Gefühle. Aber verläßlich sind sie nicht. Wenn wir sie wiederholen wollten – steckt nicht darin bereits das Eingeständnis, daß sie eigentlich unsicher sind? Und es stellt sich, wenn wir sie wiederholen, tatsächlich ein schaler Beigeschmack ein, das Bewußtsein davon ist nicht zu verdrängen, daß eben wir es waren, die sie erneut inszenierten. Nein, die Welt unserer Gefühle kann, so gewiß sie lebt und sich regt, nicht der Grund verläßlicher Gottesbegegnungen sein.

Wenn unsere unmittelbaren Gefühle also zu unzuverlässig sind – ob wir uns dann vielleicht an die Erfahrung der biblischen Menschen anschließen sollten? Das sieht dann so aus, daß wir von ihrer Gewißheit zehren. Daß wir das, was sie erfahren haben, aufnehmen, zusammenstellen. In einen großen, miteinander übereinstimmenden Zusammenhang bringen. Die Gestalten der Bibel sind dann nicht Beispiele für eine auch uns direkt erfahrbare Gottesbegegnung, sondern sie übermitteln uns – aus ihrer Erfahrung – Kunde und Kenntnis Gottes. Und gerade darin geben sie unserer unsicheren Gefühlswelt Halt und Struktur.

Aber ihre Erfahrungen sind und bleiben doch fremde Erfahrungen für uns. Gerade wenn wir versuchen, uns von ihnen das Entscheidende sagen zu lassen, wenn wir aus dem, was sie erfahren haben, eine Lehre machen, wie es sich mit Gott und der Welt und uns Menschen verhält, dann kommt Begegnung nicht zustande.

Da hilft dann auch nicht, daß die Lehre immer schon in die kirchliche Gemeinschaft eingebunden ist. In der Kirche gibt es natürlich Erfahrungen, die wir selbst machen. Aber sie sind von jenen Ursprungserfahrungen der biblischen Menschen meilenweit entfernt. Gerade – und darauf käme es doch an – gerade keine eigenen Ursprungserfahrungen. Sondern abgeleitet, gedankenvermittelt, kirchenvermittelt.

Gott im Leben begegnen. Ja, aber wie? Die Welt der religiösen Gefühle ist uns ganz nah, aber sie gibt keine tragfähige Basis für Gottesbegegnung ab. Die kirchliche Lehre spricht in mitteilenden Sätzen über Gott, aber erreicht das Leben nicht in seinem Erfahrungszentrum.

Natürlich gehören Gefühle, natürlich gehört Kirche zum Glauben. Aber die Grundlage können beide nicht schaffen. Wie also: Gott im Leben begegnen?

Lassen Sie uns noch einmal neu einsetzen – mit dem Gedanken der Begegnung. Begegnen kann ich nur Menschen. Ihnen muß ich aber auch begegnen, wenn ich sie kennenlernen will. Denn über den anderen weiß ich nicht schon alles im voraus. Und nur wenn ich mich ihm aussetze, kann ich in Erfahrung bringen, um wen es sich da handelt. Und nur dann werde ich auch entdecken, wer ich selbst in Wahrheit bin.

Menschen sind das richtige Gegenüber für mich, der ich selbst ein Mensch bin. Ein anderer Mensch ist und bleibt mir fremd, wird nie so vertraut wie meine Gefühle. Aber er kann mir nahe kommen; und wenn ich ihm begegnet bin, wird mich diese Begegnung nicht unverändert lassen. Das ist anders als bei der Lehre, die vielleicht mein Wissen erweitert.

In der Menschenbegegnung ist die Begegnung mit Gott zu suchen. Das ist meine These, und das ist ja auch eine bekannte Ansicht. Freilich eine solche, die wir meist von Menschen hören, die der Kirche und ihrem Bekenntnis ferner stehen. Trotzdem ist die Einsicht richtig.

Aber sie ist noch nicht das Ganze. Gott im Menschen begegnen – wenn damit nicht nur in einem höheren Ton vom Menschen selbst geredet werden soll, dann muß genau gesagt werden können, was denn das ist, das die Menschenbegegnung zugleich zur Gottesbegegnung macht.

Es ist, aus evangelischer Sicht, das Thema der Heiligen, um das es geht; und der Reiz der evangelischen Sicht liegt darin, daß sie festhält: Die Kategorie des Heiligen ist an der Bibel zu gewinnen, und zwar zentral an der Gestalt Jesu.

Worum es also jetzt geht, ist dies: Wie gewinnen wir Kategorien, Wahrnehmungsmuster dafür, daß wir erkennen können, wie uns in der Begegnung mit anderen Menschen Gott gegenübertritt?

Sie sehen sofort: Hier können wir, wenn wir uns unsere Erfahrungen erklärbar machen wollen, nicht auf diese Begegnung selbst zurückgreifen. Wir bleiben damit in dem eigentümlichen Zwiespalt zwischen unseren Gefühlen und den von der kirchlichen Lehre geprägten Sichtweisen. Wenn es um die Erklärung unserer Erfahrungen geht, können wir nur auf die Bibel blicken. Denn die biblischen Zeugnisse gruppieren sich allesamt um die zentrale Einsicht, daß im Menschen Jesus von Nazareth Gott den Menschen überhaupt begegnet ist.

Aber nun eben zunächst: den Zeugen des Neuen Testaments. Wir können ihre Gefühlswelt nicht teilen. Aus ihrem Zeugnis eine in sich einheitliche Lehre machen zu wollen, der wir uns unterwerfen müßten, ginge schon deshalb nicht, weil wir die verschiedenen Zeugnisse nicht widerspruchsfrei zusammenbekämen. Wir können und sollen aber aus ihrem Bild, das sie von Jesus als dem vor Gott rechten Menschen vermitteln, erkennen lernen, wie wir Gott in unserem Leben entdecken können. Kategorien dafür ausbilden, wie wir denn im Leben anderer Menschen Gottes Gegenwart antreffen. Darum: Gott in unserem Leben begegnen – zur Gewißheit wird diese Begegnung nur dann werden, wenn wir uns von der Bibel die Augen öffnen lassen.

Ich greife, um das anschaulich zu machen, die Passionsgeschichte im Lukasevangelium heraus. Die Lukaspassion gibt eine besonders schöne Antwort auf unsere Frage nach der Begegnung mit Gott im Leben. Denn Lukas hat seinem Bild vom Sterben und Auferstehen Jesu eine ganz eigentümlich menschliche Farbe gegeben. Im Verhör vor dem Hohen Rat wird Jesus von den Ältesten, den Hohenpriestern und den Schriftgelehrten gefragt: Bist du Gottes Sohn? Er sprach zu ihnen: Ihr sagt es, ich bin es (Lk 22, 70). Jesus, Gottes Sohn. Und nach Jesu Tod spricht der römische Hauptmann unter dem Kreuz: Fürwahr, dieser ist ein frommer, ein vor Gott gerechter Mensch gewesen (Lk 23, 47).

Das ist die These des Lukas: Gottes Sohn – ein vor Gott gerechter, ein frommer Mensch. Und diesem Bild, das Lukas zeichnet, möchte ich nachsinnen. Die Frage im Hintergrund, die uns dabei bewegt, ist: Inwiefern lernen wir aus diesem Bild Jesu, wie wir in der Begegnung mit anderen Menschen Gott in unserem Leben entdecken können?

2. Gott in der Bibel entdecken – die Lukaspassion

2.1 Die Anfechtung (Lk 22, 39-46)

»Und Jesus ging nach seiner Gewohnheit hinaus an den Ölberg. Es folgten ihm aber auch die Jünger.«

Vorausgegangen ist das Abendmahl, Jesu letztes Mahl mit seinen Jüngern, von ihm als solches erklärt. Vorausgegangen ist die Aufdeckung des Verrats; noch nicht die Enttarnung des Verräters. Ein Abend voller Dramatik. »Und Jesus ging nach seiner Gewohnheit hinaus an den Ölberg.« Da bleibt, in aller Zuspitzung, Jesus sich gleich. Der Gang auf den Ölberg, als wäre nichts geschehen und als stünde nichts bevor. »Es folgten ihm aber auch seine Jünger.« Was sollten sie auch sonst tun? Aufgewühlt, wie sie waren. Gut, daß es auch in solchen Momenten etwas Regelmäßiges, Gewohnheit gibt.

»Und als er dahin kam, sprach er zu ihnen: Betet, damit ihr nicht in Anfechtung fallt!«

Das letzte Mahl mit Jesus, der drohende Verrat durch einen von ihnen: Anlaß genug zum Verzagen bei den Jüngern. Aber das ist noch nicht die Anfechtung. Da kann noch gebetet werden, daß die Anfechtung erspart bleibt.

»Und er riß sich von ihnen los, etwa einen Steinwurf weit, und kniete nieder, betete und sprach: Vater, willst du, so nimm diesen Kelch von mir; doch nicht mein, sondern dein Wille geschehe.«

Jesus reißt sich los von den Jüngern. Sie hätten ihn wohl gern gehalten, bei sich gehabt. Vielleicht mit ihm gebetet, um Verschonung vor der Anfechtung. Und vielleicht wäre er auch gern geblieben. Aber er reißt sich los. Sein Schicksal ist ein anderes als das seiner Jünger.

Er reißt sich los, kniet nieder, betet. Und da ist er schon drin in der Anfechtung. »Nimm den Kelch von mir, Vater. Laß doch meinen Willen auch deinen Willen sein.« So betet einer, der Gottes Willen gegen den seinen gerichtet wähnt. Und der sich davor fürchtet. »Bitte, Vater.« »Doch nicht mein, sondern dein Wille geschehe.« Was muß zwischen diesen beiden Hälften des Gebetes vor sich gegangen sein? Was ist das für ein Umschwung, der sich da kundtut? Wer ist denn Jesus, daß er das

sagen kann: Nicht mein, sondern dein Wille geschehe. Das ist doch nichts anderes als: Ich bin mit deinem Willen einig, auch wenn es gegen meinen Willen geht.
Unerhörteste Spannung liegt in diesem Moment des Umschwungs. Das Gefühl des tiefsten Widerspruchs in Gott: der Vater, der den Sohn preisgibt. »Laß den Kelch vorübergehen.« Wie soll ein Mensch das verstehen können? – Das Bewußtsein tiefsten Widerspruchs in Jesus: mit dem Vater einig gegen den eigenen Willen. »Nicht mein, sondern dein Wille geschehe.« Wie soll das einer aushalten? Atemberaubend.
Und das ist alles konzentriert in diesem kleinen Satz: »Vater, willst du, so nimm diesen Kelch von mir; doch nicht mein, sondern dein Wille geschehe.« Die unanschauliche, von keinem menschlichen Bewußtsein mehr zusammenzuhaltende Einheit dieser Gegensätze: Das ist Jesus am Ölberg. Das ist Anfechtung: Gott als zerrissen erfahren in Liebe und Zorn; und Jesus, der sich selbst dieser Zerrissenheit ausgesetzt sieht. Und das heißt Beten in Anfechtung: diese doppelte Zerrissenheit, trotz ihrer zu Gott rufend, ins Wort fassen.
Die Ungeheuerlichkeit dieses kleinen Satzes hat die Tradition nicht ausgehalten, jedenfalls nicht ohne Kommentar lassen können. Spätere Handschriften des Lukas-Evangeliums fügen die Verse 43 und 44 hinzu: »Es erschien ihm aber ein Engel vom Himmel und stärkte ihn. Und er rang mit dem Tode und betete heftiger. Und sein Schweiß wurde wie Blutstropfen, die auf die Erde fielen.«
Das ungeheure Gebet Jesu kann kein Mensch aushalten. Darum kommt der Engel vom Himmel, kommt Gottes eigene Kraft zu Jesus. In seiner Anfechtung, dieser doppelten Zerrissenheit, ist Gott da.
Diese Gegenwart des Engels hebt sie nicht auf, glättet die Brüche nicht. Jesu Gebet ist der Kampf mit dem Tod. Die Agonie (das griechische Wort steht so im Text) hat ihn schon ergriffen. Die zerreißenden Kräfte haben zum Riß angesetzt. Woher nimmt er nur die Kraft, weiter zu beten?
Der Schweiß wie Blut. Angst und Tod verbunden; der Tod in der Angst, in der Anfechtung schon präsent.
Noch ist alles ein winziger Moment. Nur dieser kleine Umschwung des Gebetswortes, in dem die absoluten Gegensätze zusammengehalten werden. Noch ist der Riß, schon angesetzt, nicht durchgeführt.
»Und er stand auf von dem Gebet und kam zu seinen Jüngern und fand sie schlafend vor Traurigkeit und sprach zu ihnen: Was schlaft ihr? Steht auf und betet, damit ihr nicht in Anfechtung fallt!«
Und er stand auf. Anastas, heißt es im Griechischen. Aneste, er ist auferstanden, heißt es zu Ostern. Als wäre er, nach dem Gebet, auferstanden vom Tod.
Und kam zu seinen Jüngern. Von da, woher Jesus kommt, kann man nur auf die Jünger zukommen. Ob sie hinkommen könnten? Hinkommen müßten zu Jesus?
Und fand sie schlafend vor Traurigkeit. Nicht vor Faulheit des Fleisches. Nicht vor Unverständnis. Vor Traurigkeit. Auch eine Todesform, die

Traurigkeit. Aber fühlloser, dumpfer als die Anfechtung. Vielleicht darum auch aussichtsloser, verhangener.

Steht auf und betet, damit ihr nicht in Anfechtung fallt. Steht auf – so wie er aufgestanden ist nach dem Gebet, nach dem Tod. Steht auf und betet, weil das Niederfallen und Beten schon – bei mir – seine Stelle gehabt hat. Damit ihr *nicht* in Anfechtung fallt. Damit euch erspart bleibt, was ich ertragen habe, meint Jesus. Es kann euch erspart bleiben, weil ich es ertragen habe. Und wenn ihr in die Anfechtung fallt, so wie ich, dann seid ihr nicht anders dran, als ich das war. Dann seid ihr, dann werdet ihr mir gleich. Dann, so wird man schlußfolgern können, dann betet auch ihr in der Anfechtung.

In dem frommen Menschen Jesus ist Gott da, begegnet Gott. Das bringt Lukas zur Anschauung. So begegnet er in Jesus, daß Jesus in der Anfechtung nichts mehr in sich hat, auf das er sich verlassen könnte; keine innere Stärke, keinen unverrückbaren Glauben, keinen dauernden Kontakt zum allzeit liebenden Vater. Sondern er begegnet Gott in der Zerrissenheit, vor der sich kein Mensch retten, die kein Mensch heilen kann. Da, wo nichts mehr ist: Da ist Gott. Da wird Jesus als Gottes Sohn erkennbar. Da wird seine Gerechtigkeit, seine Frömmigkeit sichtbar. Und davon leben seine Jünger.

2.2 Der Verrat (Lk 22, 47-53)

»Als er aber noch redete, siehe, da kam eine Schar; und einer von den Zwölfen, der mit dem Namen Judas, ging vor ihnen her und nahte sich Jesus, um ihn zu küssen. Jesus aber sprach zu ihm: Judas, verrätst du den Menschensohn mit einem Kuß?«

In der Anfechtung stellte sich die Gottesferne als der Ort der Gottesnähe heraus. Nun ist die Menschennähe der Ausdruck der Menschenferne. Der Kuß das Siegel unter den Verrat. Zwiespalt auch hier, aber unversöhnt. Ohne jene unanschaulich tragende Mitte, ohne den Umschwung in Jesu Gebet. Hier äußert sich die Zerrissenheit als pure Gewalt.

»Als aber, die um ihn waren, sahen, was geschehen würde, sprachen sie: Herr, sollen wir mit dem Schwert dreinschlagen? Und einer von ihnen schlug nach dem Knecht des Hohenpriesters und hieb ihm sein rechtes Ohr ab.«

Sollen wir mit dem Schwert dreinschlagen? Den Widerspruch durchhauen, wie den gordischen Knoten? Auf Gewalt mit Gewalt reagieren? Im Grunde: den Widerspruch der Anfechtung, den Konflikt mit Gott, herunterbringen auf den Widerspruch des Verrates, den Konflikt mit den Feinden unter den Menschen? Gefragt, getan – ohne die Antwort abzuwarten. Es ist ja auch leichter, ach was, es ist normal, so zu verfahren.

»Da sprach Jesus: Laßt ab! Nicht weiter! Und er rührte sein Ohr an und heilte ihn.«

Wer nach dem Gebet so aufgestanden ist, kann freilich nur so handeln. Der muß den Unterschied deutlich machen zwischen der Anfechtung durch Gott und der Bedrohung durch die Menschen. Bis hin zu der rührenden Tat, das abgetrennte Ohr wieder zu heilen. Damit auch nicht der Anschein einer Vermischung entsteht.

Den Unterschied klar halten, heißt aber nicht, darauf verzichten zu sagen, was Recht und was Unrecht ist. »Jesus aber sprach zu den Hohenpriestern und Hauptleuten des Tempels und den Ältesten, die zu ihm gekommen waren: Ihr seid wie gegen einen Räuber mit Schwertern und mit Stangen ausgezogen. Ich bin täglich bei euch im Tempel gewesen, und ihr habt nicht Hand an mich gelegt. Aber dies ist eure Stunde und die Macht der Finsternis.«

Wenn Gott da ist, jenseits des eigenen Vermögens, auch jenseits des eigenen Fühlens, nur so wie im Gebet Jesu am Ölberg, dann gewinnt die Feindschaft der Welt ein anderes Gewicht. Nicht daß Recht und Unrecht einerlei wären. Nicht daß Angst und Leid gleichgültig würden. Aber sie rücken in einen merkwürdig vorletzten Rang. Das kann man nicht fordern, das kann man niemand abverlangen. Aber, eigentümlich genug: Es gibt Menschen, die so damit umgehen. Die der Feindschaft und der Gewalt ihren Anspruch auf Letztgültigkeit nehmen. Woher sie das können? Die Frage stellen, heißt, sie immer nur für sich beantworten können. Und dabei, bestenfalls, auf die Antwort kommen, die diese Menschen auch für sich gegeben haben.

2.3 Das Verhör (Lk 22, 63-71)

»Die Männer aber, die Jesus gefangenhielten, verspotteten ihn und schlugen ihn, verdeckten sein Angesicht und fragten: Weissage, wer ist's, der dich schlug? Und noch mit vielen Lästerungen schmähten sie ihn.«

Weissage, prophezeie. Propheten, das sind Menschen, die von Gottes Zukunft reden. In denen Gott gegenwärtig ist, so daß sie den Mund auftun können und sein Wort reden. Hier haben wir, an der Gestalt Jesu exekutiert, die grausame Verkehrung des Propheten. Daß von Jesus verlangt wird, nicht die göttliche Zukunft, sondern die verbrecherisch–menschliche Vergangenheit bloßzulegen. Weissage, wer ist's, der dich schlug? Die Gegenwart Gottes im frommen Menschen Jesus: Sie wird verhöhnend verneint.

Das ist die Vorgeschichte für das Verhör vor dem Hohen Rat. »Und als es Tag wurde, versammelten sich die Ältesten des Volkes, die Hohenpriester und Schriftgelehrten und führten ihn vor ihren Rat und sprachen: Bist du der Christus, so sage es uns.«

Als sei das noch eine Frage. Als sei das durch die Gefangennahme und die Verspottung nicht schon längst beantwortet, längst verneint. Was kann Jesu Antwort noch bringen? Als Jesus anfängt zu reden, nimmt er diese Situation auf. Daß die Frage faktisch beantwortet ist.

»Er sprach aber zu ihnen: Sage ich's euch, so glaubt ihr's nicht; frage ich aber, so antwortet ihr nicht.«

Sage ich's euch, so glaubt ihr's nicht. Ich bin der Christus, hieße das. Ein Aussagesatz. Als Mitteilung hinzunehmen, zur Kenntnis zu nehmen. Aber da kann man in der Distanz bleiben. Da muß es zum Glauben nicht kommen.

Frage ich euch, so antwortet ihr nicht. Bin ich der Christus? So wäre die Formulierung. Fragen sind von anderer Art als Aussagen. Sie verlangen Antwort. Antworten aber sind immer auch Entscheidungen derer, die Antwort geben. Festlegungen, was ich denn selbst meine. Ja oder nein: Ist Jesus der Christus, der Messias, oder ist er das nicht? Wie immer ich mich auch entscheide, es hat Konsequenzen. Frage ich euch, so antwortet ihr nicht: Die Strategie der Antwortvermeidung ist das, der Versuch, der Festlegung auszuweichen.

Jedenfalls unter den Menschen, den Zeitgenossen. »Aber von nun an wird der Menschensohn sitzen zur Rechten der Kraft Gottes.« Gott, so sagt Jesus, entscheidet die Frage. Der Menschensohn, jene apokalyptische Richtergestalt aus der Vorstellungswelt des antiken Judentums, wird eingesetzt in seine Herrschaftsfunktion. Gott macht aus dem Messias, dem theologisch-politischen Zwitterwesen, dem Heilbringer und Befreier des jüdischen Volkes, den Weltenrichter. Damit ist die Frage, nun umgekehrt, faktisch von Gott her entschieden. An Jesus überhaupt entscheidet sich, in ihm begegnet die Gegenwart Gottes.

»Da sprachen sie alle: Bist du Gottes Sohn? Er sprach zu ihnen: Ihr sagt es, ich bin es.« Damit hat Jesus den Menschen, die ihn verhören, eine neue Bezeichnung abgewonnen, man könnte sagen: abgerungen, ihnen die Schlußfolgerung aufgenötigt: Gottes Sohn. Eine sachgerechte Bezeichnung. Denn sie nimmt nur auf und setzt lediglich um, was mit der Präzisierung des Messiastitels zum Menschensohntitel gemeint ist: Hier begegnet Gott authentisch und zuverlässig. Und Jesus nimmt den Aussagegehalt, der in der Frage steckt, auf: Ihr sagt es – ihr habt es damit implizit bekannt, und ihr habt recht mit dieser in die Frage eingehüllten Aussage: Ich bin es.

»Sie aber sprachen: Was bedürfen wir noch eines Zeugnisses? Wir haben's selbst gehört aus seinem Munde.« Bekenntnis im Widerspruch. Bekenntnis, das die Richter in den Widerspruch zu sich selbst versetzt. Den Aussagegehalt in ihrer Frage nicht anzuerkennen, ihrer – richtigen – Schlußfolgerung: Also ist er der Sohn Gottes, nicht zu trauen.

Jesu Antwort: Ihr sagt es, ich bin es, sie stellt also erneut, und nun zuletzt, eine Frage. Die Frage, auf die seine Richter zuletzt und entscheidend antworten müssen. Ob sie in diesem Menschen Gottes Gegenwart erkennen und anerkennen. Jesus tut nichts weiter als der Bezeichnung Sohn Gottes zuzustimmen und damit die Frage nach dem Verhältnis der Richter dazu aufzuwerfen. Ihre Antwort nimmt er nicht vorweg.

Gott begegnet auch uns, so können wir aus dieser Geschichte entnehmen, in Menschen nur so, daß sich anhand ihrer Person die Frage nach seiner Gegenwart für uns stellt. Die Frage, auf die wir dann – so oder so – nur in eigener Verantwortung, in eigenem Risiko antworten können.

Denn gewiß begegnet uns Gott nicht so, daß er uns die Antwort abnimmt oder erspart.

2.4 Der Tod (Lk 23, 32-49)

»Es wurden aber auch andere hingeführt, zwei Übeltäter, daß sie mit ihm hingerichtet würden. Und als sie kamen an die Stätte, die da heißt Schädelstätte, kreuzigten sie ihn dort und die Übeltäter mit ihm, einen zur Rechten und einen zur Linken. Jesus aber sprach: Vater, vergib ihnen, denn sie wissen nicht, was sie tun. Und sie verteilten seine Kleider und warfen das Los darum.«

Jesus am Kreuz ruft: Vater, vergib ihnen. Er sagt nicht: Ich verzeihe euch. Er sagt nicht: Deine Sünden sind dir vergeben. Er ruft eben zu Gott, seinem Vater, um willen der Menschen, die dabei sind, ihn hinzurichten.

Wie kann einer das tun, woher die Kraft nehmen? Antwort: Gar nicht. Das kann kein Mensch. Das kann keiner auf seine Verantwortung nehmen. Das ist nicht Ausdruck von Frömmigkeit als menschliches Vermögen. Wenn das einer tut, wie Jesus, dann »kann« er das nur so tun: in Anrufung Gottes. In Absehung von sich.

So zu rufen, zu bitten, ganz auf Gott gerichtet, gar nichts an sich selbst sein wollen, das ist die Weise, wie Gott in Jesus ist. Einem Menschen begegnen, der so nach Gott ruft, so wider alle unmittelbaren Empfindung, und der damit nicht seine eigene scheinbare Überlegenheit demonstrieren will, diese Begegnung kann zur Begegnung mit Gott werden.

»Und das Volk stand da und sah zu. Aber die Oberen spotteten und sprachen: Er hat anderen geholfen; er helfe sich selber, ist er der Christus, der Auserwählte Gottes. Es verspotteten ihn aber auch die Soldaten, traten herzu und brachten ihm Essig und sprachen: Bist du der Juden König, so hilf dir selber! Es war aber auch eine Aufschrift: Dies ist der Juden König. Aber einer der Übeltäter, die am Kreuz hingen, lästerte ihn und sprach: Bist du nicht der Christus? Hilf dir selbst und uns!«

Ja, das könnte man doch erwarten von einem, in dem Gott gegenwärtig ist, daß er sich selbst zu helfen in der Lage ist. Dann müßte doch etwas von Gottes Allmacht in ihm zu finden sein. Dann müßte doch wenigstens ein Schimmer der göttlichen Rettung aus ihm hervorleuchten. Das meinen alle: Die Oberen der Frommen, die Soldaten, der eine der Übeltäter.

Aber indem sie das sagen, spotten und lästern sie Jesus. Als Spott und Lästerung gilt, was doch eine naheliegende Annahme scheint. Da ist die Verkehrung noch immer präsent. Die Auffassung, Gott müsse im Menschen irgendwie positiv erkennbar sein, in der Form ausgezeichneter menschlich-irdischer Fähigkeiten.

»Einer der Übeltäter, die am Kreuz hingen, lästerte ihn und sprach: Bist du nicht der Christus? Hilf dir selbst und uns! Da wies ihn der andere zurecht und sprach: Und du fürchtest dich auch nicht vor Gott, der du doch in gleicher Verdammnis bist? Wir sind es zwar mit Recht, denn wir empfangen, was unsre Taten verdienen; dieser aber hat nichts Unrechtes getan. Und er sprach: Jesus, gedenke an mich, wenn du in dein Reich kommst! Und Jesus sprach zu ihm: Wahrlich, ich sage dir: Heute wirst du mit mir im Paradies sein.«

Hilf dir selbst – das ist nicht der Fall. Hilf uns – das ja, aber in anderem Sinne: Heute wirst du mit mir im Paradies sein. Warum? Offenbar darum, weil dieser Übeltäter, der zu Recht den Tod verdient hat, darin jedenfalls Recht hat, daß er in diesem Mann neben ihm, Jesus, der sich selbst nicht helfen kann, den Gerechten erkennt, in dem Gott gegenwärtig ist. Diese Erkenntnis ist das Paradies – jetzt schon, heute.

»Und es war schon um die sechste Stunde, und es kam eine Finsternis über das ganze Land bis zur neunten Stunde, und die Sonne verlor ihren Schein, und der Vorhang des Tempels riß mitten entzwei. Und Jesus rief laut: Vater, ich befehle meinen Geist in deine Hände! Und als er das gesagt hatte, verschied er.«

In Jesu Tod tritt wirklich ein, was die Anfechtung vorabbildete. Daß die Person Jesu zerbricht, nichts mehr ist an sich selbst, und daß ihre letzte Regung dieser Ruf ist: Vater, ich befehle meinen Geist in deine Hände!

Noch einmal, da, wo nichts mehr im Leben zu behalten, nichts mehr fürs Leben zu gewinnen ist, der Ruf: Vater. Und dem Vater gegenüber nichts anderes als die Hingabe des eigenen Geistes. Was Jesu Person zusammengehalten hat im Leben, sein Geist, ist nun nicht mehr der seine. Ruht nunmehr ganz im Geist Gottes.

So gesehen ist die Hingabe seines Geistes an Gott nur die Erfüllung, Vollendung der Anfechtung. Selbst nichts zu sein als der Ruf, der das Aufgeben seiner selbst ist. Man kann dann geradezu sagen: Weil und nachdem Jesus seinen Geist in Gottes Hände befohlen hat, kann er sterben und stirbt er tatsächlich, haucht er seinen Geist aus. (Und nicht umgekehrt: Weil er stirbt, den Geist aufgeben muß, erst dann und darum befiehlt er seinen Geist in Gottes Hände.)

»Als das der Hauptmann sah, was da geschah, pries er Gott und sprach: Fürwahr, dieser ist ein frommer Mensch gewesen.«

Da pries er Gott. Der Hauptmann hat verstanden, was da geschah. Er hat in dem sterbenden Jesus, hat in seinem Ruf an den Vater Gott selbst gegenwärtig gewußt. Nicht aufgrund der menschlichen Ausgezeichnetheit Jesu. Nicht aufgrund einer übermäßigen Glaubensstärke. Sondern aufgrund dieses Rufes nach Gott, dieses Sich-Gründens in Gott jenseits des eigenen Lebens und Geistes. Dieser ist ein frommer, ein vor Gott richtiger Mensch gewesen. Beim Hauptmann unter dem Kreuz ist Gottes Gegenwart angekommen – da und dann, als er am weitesten entfernt war. Aber Jesu Ruf hat seinen Blick auf Gott gelenkt. Und der ist ihm, als nichts mehr zu sehen war, begegnet.

2.5 Die Gegenwart des Auferstandenen (Lk 24, 13-35)

Ist das denn alles, könnten wir fragen. Diese Unanschaulichkeit der Gottesbegegnung. Ist das nicht nur die Bedingung des Lebens vor dem Tod? Bringt nicht die Auferstehung so wie Jesus in Leben zurück, so auch Gottes Erfahrbarkeit in einem anderen Sinne zu uns? So daß wir nicht nur durch diese Leerstelle des Menschlichen hindurch Gottes ansichtig werden? Gewinnt Gottes Gegenwart nicht endlich den von uns erhofften, immer schon vermuteten Glanz?

Die Emmausgeschichte sagt es anders. Beinahe unausschöpflich wie sie ist, will ich sie jetzt nicht Vers für Vers vornehmen, sondern nur auf die markanten Knotenstellen hinweisen.

Der auferstandene Jesus stößt zu den zwei Jüngern und geht mit ihnen nach Emmaus. »Aber ihre Augen wurden gehalten, daß sie ihn nicht erkannten.« Die zwei Jünger erzählen Jesus von dem, was geschehen ist. Sprechen auch von ihren Hoffnungen auf Gottes machtvolle Präsenz in ihm und wie sie enttäuscht wurden durch seinen Tod und wie sie, noch ganz unverständig bleibend, erschreckt wurden durch die Mitteilung der Auferstehung.

Und Jesus antwortet ihnen, indem er eine Bibelstunde hält: »Mußte nicht Christus dies erleiden und in seine Herrlichkeit eingehen? Und er fing an bei Mose und allen Propheten und legte ihnen aus, was in der ganzen Schrift von ihm gesagt war.« Es mußte also so sein: So mußte Jesus seine Frömmigkeit leben, so als im Ruf nach Gott vor Gott Gerechter sterben. Aber: Erkannt haben ihn die Jünger auch mit diesem Wissen nicht.

Dann das Abendessen, die Gemeinschaft am Tisch, das Gebet; Jesus, der Gast, auf einmal in der Rolle des Hausherrn. »Als er mit ihnen zu Tisch saß, nahm er das Brot, dankte, brach's und gab's ihnen.« Da stellt sich die Erinnerung ein. Da wird das Wissen aus der Bibelstunde auf einmal aktiv im Geist der Jünger. Da regt sich ihr Herz. Aber da, wo sie gern zugreifen möchten, ist Jesus schon wieder fort. Auch da, wo er so nah scheint, ist er nicht zu haben.

Aber er ist nicht zu haben, nicht zu besitzen, weil er schon längst da ist; genauer: schon da war und noch da ist. »Brannte nicht unser Herz in uns, als er mit uns redete?« Jetzt wissen sie, was das Brennen des Herzens zu bedeuten hatte. Jetzt wissen sie, daß er es ist, daß er es schon gewesen ist, bevor sie ihn erkannten. Und nun auch begreifen sie, warum er nicht bleiben konnte: weil er in ihren Herzen auf Dauer da ist. Im Wort der Bibel und in der mitmenschlichen Begegnung ist er ihnen jetzt auf immer eingebrannt. So, daß er sie nie mehr verläßt, auch wenn er nicht da ist.

Die Emmausgeschichte – sie unterstreicht, daß und wie Gott da ist im Leben des frommen Menschen Jesus von Nazareth. Im Leben des wirklichen Menschen, nach dessen Bild wir alle gestaltet und zu leben bestimmt sind. Sie legt selbst das Verfahren nahe, das ich heute gewählt habe zur Aufklärung der Frage, wie Gott im Leben begegnet: mit Kategorien der Bibel, an Jesus gewonnen, im Kopf und im Herzen – und in Begegnung mit anderen Menschen. Beides braucht es: die richtige Einstellung der Wahrnehmung und die tatsächliche Begegnung mit der Wirklichkeit. Wissen und Erfahrung. Und aus beiden erwächst der Glaube, der Gott im eigenen Leben erkennt, ihm dafür dankt und ihn preist.

3. Menschen begegnen – und Gott entdecken

Ich hatte am Anfang eine evangelische Variation zum Thema »Heilige« versprochen. Aus der Bibel, konkret am Bild Jesu, die Kategorien zu entwickeln, die es uns erlauben, Gott in unserem Leben, in der Begegnung mit anderen Menschen zu entdecken.
Ich will nun nicht den Versuch machen, auch nur das, was sich uns an den Texten aus der Passionsgeschichte nach Lukas ergeben hat, zu einem in sich bruchlosen System zusammenzufügen; ich glaube auch nicht, daß das gelingen würde.
Ich möchte zum Schluß von zwei meiner Heiligen erzählen. Die mir als solche in Erinnerung sind. Eigentlich, wie sollte es anders sein, Menschen wie Sie und ich. Ich kenne von ihnen nur einen Bruchteil ihres Lebens. Und es ist auch gar nicht sicher, ob sie noch für jemand anders, als mich solche »Heilige« sind. Aber für mich hat es gereicht.
Er ist ein begabter Mann. Musiker, Handwerker, Dichter, Theologe, Mundartforscher, Archäologe, Sozialarbeiter, Rettungsschwimmer und auch ein bißchen Politiker. Er bewegt sich im Bildungsbürgertum der Universität so sicher wie unter den Roma der Vorstadt, deren Sprache er beherrscht. Mehr: Er hat hier und da Freunde. Und wenn man seinen Namen nennt in der Stadt, dann gibt es kaum einen, der ihn nicht kennt, irgendwie.
Immer, wenn ich ihn treffe, geht es mir ganz merkwürdig. Ich denke: Er ist ganz da. Und er ist zugleich ganz woanders. Seine Gestalt ist hager, seine Bewegungen erscheinen manchmal ungelenk. Er ist kein blendender Rhetoriker und gar kein spekulativer Denker. Ganz da und ganz woanders. Ich, für mein Teil, kann nicht nachvollziehen, ja, nicht einmal verstehen, wie dieser Mann es schafft, einer zu sein. Wie sich das alles in ihm verbindet. Daß er für alle, mit denen er zu tun hat, ganz da ist – und doch auch, und gewiß nicht nur mir gegenüber, ganz woanders. So begabt er ist, so wenig hat er aus sich gemacht. Ich habe es übrigens gar nicht so einfach gefunden, ein unbefangenes persönliches Verhältnis zu ihm zu gewinnen. Ich weiß auch nicht, ob er von sich sagen würde, er sei glücklich.
Und doch ist er mir ein lebendiges Wahrzeichen. So ist er, so vielfältig, so vielfach ganz. Und verlangt, auch unausgesprochen, von niemand, er müsse so sein oder werden, wie er selbst ist. Wie kann einer so sein, wenn er sich selbst nicht dazu gemacht hat? Wie kann einer so sein,

wenn nicht Gott ihn dazu gemacht hat? Wenn nicht Gott aus ihm spricht
– ohne daß dieser Mann das wüßte oder gar wollte. Und ich frage mich:
Was habe ich aus mir gemacht, was mache ich noch immer aus mir?
Was ist es denn überhaupt, was ich aus mir machen kann – oder kann
ich mich vielleicht nur sein lassen, wie ich bin? Und Gott überlassen,
was aus mir wird?
Sie ist, schon seit vielen Jahren, eine Säule der Gemeinde. Aber eine
von denen, die das Ganze tragen, ohne daß man sie sieht. Sie kommt dazu, mit ihrem gebeugten Rücken, und alle freuen sich, sie zu sehen. Sie
tut, was sie als ihre Aufgabe bestimmt hat, konsequent, aber ohne alles
Aufsehen. Sie kennt alle in der Gemeinde, aber niemand fühlt sich von
ihr kontrolliert. Sie besucht regelmäßig und seelsorgerlich eine Reihe
von gleichalten oder älteren Damen. Sie warten schon immer auf sie, ein
Höhepunkt ihrer Woche. Sie sitzt im Gottesdienst in der Kirche, stets
auf demselben Platz, und als Prediger weiß ich: Ein offenes Ohr finde
ich bestimmt. Ein kritisches Ohr zugleich, denn so leise sie ist, so
selbstbewußt ist sie auch. Und hält mit dem, was sie bewegt, nicht hinter
dem Berg.
Aus ihrer Geschichte habe ich erst im Laufe der Zeit erfahren. Ihr Mann,
für den sie ihre eigene Berufstätigkeit aufgegeben hatte, ist früh gestorben. Zwei ihrer fünf Kinder hat sie verloren; eines kam noch als Kleinkind um, das andere starb als Erwachsene an Krebs. Als ich sie kannte,
verlor sie ihre geliebte Schwiegertochter, durch einen tragischen Unfall.
Ihr Gang wurde noch gebeugter, in dieser Zeit. Ihr Gesicht wurde grau.
Sie hat viel geweint. Aber die Augen verloren nichts an Festigkeit.
Als sich mir ihr Bild aus den einzelnen Teilen zusammensetzte, dachte
ich: Wie kann eine das aushalten, ohne an Gott zu verzweifeln? Der
Glaube ist ja doch kein Drüberwegsehen bei ihr. Kein Überspielen der
wirklichen Lage, in der sie lebt. Wo nimmt sie denn bloß die Kräfte her,
das alles durchzustehen? Das kann doch nicht sein.
Irgendwann ist mir dann klargeworden: So übermenschliche Kräfte hat
sie gar nicht. Und gerade das ist es, was sie so leben läßt. Daß sie darauf
verzichtet, etwas mit ihrem Glauben machen zu wollen, was heißt: verzichtet?, daß sie es einfach nicht anders macht, daß sie nicht anders lebt,
als so: alles, ihr ganzes Leben, so wie es sich für sie darstellt, aus Gottes
Hand zu nehmen. Nicht, daß sie sich dabei klein machte: Seht her, wie
demütig ich bin. Nicht, daß sie dabei sich unterdrückt fühlte: Warum
muß das alles mir passieren? Selbstbewußt ist sie geblieben, und fröhlich zu sein, war ihr nicht verwehrt. Und darin, in alledem, wurde sie
zum Zeichen für mich und zur Frage an mich. Ob ich denn bereit bin,
mein Leben, mit seinen Grenzen und Freuden, aus Gottes Hand zu nehmen. Meinen Glauben so selbstverständlich zu leben. Nichts aus ihm,
nichts mit ihm zu machen.
Zwei meiner Heiligen. Vielleicht sind Ihnen inzwischen Ihre Heiligen
eingefallen, Menschen, die Sie kennen und die Sie in Ihrem Leben Gott
begegnen lassen.

Dietrich Stollberg

Das Kind als Gottesbild – Kindlichkeit als christliches Leitbild?

Christoph Bizers Werk durchzieht eine kreative Ambivalenz von Religiosität und Säkularität, Sehnsucht nach Geborgenheit im Schoße der Mutter Kirche und Hoffnung auf Befreiung aus ihrer tödlichen Umklammerung, Einwilligung, ja Identifikation und Anschmiegen einerseits, Protest, Angriff und Ausstiegstendenzen andererseits, eine Ambivalenz schließlich zwischen kindlicher Frömmigkeit und erwachsener Freiheit. Diese nur allzu bekannte und einfühlbare Spannung gilt als typisch für Pfarrerskinder und kirchlich Sozialisierte. Sie ist die Last, die wir zu tragen, und das Pfund, mit dem wir zu wuchern haben. Im folgenden soll dieses schicksalhafte Dilemma unter dem Gesichtspunkt des Leitbildes »Kind« betrachtet werden.

1. Das Bild des Jesuskindes

Das Thema hat zwei Hauptaspekte, einen religionsphänomenologischen, nämlich die Vorstellung vom göttlichen Kind, die sich in vielen Religionen findet, und einen ethischen, nämlich Kindlichkeit als Verhaltensideal.
Wir beginnen mit einer kleinen Übung: Stellen Sie sich ein Ihnen bekanntes und vielleicht sogar wichtiges oder liebes Bild des Jesuskindes vor: Was fasziniert Sie an diesem Bild? Die Ausstrahlung oder der Heiligenschein des Kindes, sein hoheitsvoller Blick, die Farben, in denen es gemalt ist, die Spannung, die sich darin ausdrückt, daß ein kleines Kind die Weltkugel in Händen hält usw.? Oder die Möglichkeit, so zu sein wie dieses Kind, so unschuldig, so mächtig, so geborgen? – Übrigens: Haben Sie sich eine Madonna mit dem Kinde vorgestellt oder ein Kind allein? Beides wäre ja möglich; aber der Unterschied in der Bedeutung bzw. in Ihrem subjektiven Erleben dürfte erheblich sein.

2. Gottesbild – Leitbild?

2.1 Wenden wir uns nun dem ersten Aspekt zu, dem Kind als Gottesbild!

a) Es ist bekannt, daß die christliche Überlieferung vom Jesuskind in einem breiten *religionsgeschichtlichen Zusammenhang* gesehen werden kann. Das Urbild der Mutter mit dem Kinde teilt das Christentum nicht nur mit dem ägyptischen Isiskult, sondern mit vielen, darunter auch sehr archaischen Religionen, von denen uns manchmal kaum mehr als ein paar Statuetten einer Mutter mit dem Kind überkommen sind. P. Schwarzenau hat in seinem Buch über »Das göttliche Kind«[1] Krishna, Buddha, Horus, Dionysos, Jesus und Merlin aus der Fülle religiöser Überlieferungen ausgewählt und aus jungianischer Sicht genauer betrachtet. Stets geht es in diesen Legenden um ein göttliches oder doch wenigstens heiliges Kind, dessen Leben und Schicksal in gewisser Weise exemplarischen Charakter für menschliches Leben überhaupt hat, von dem es sich andererseits doch so sehr zu unterscheiden scheint.

Seit es Menschen gibt, waren sie fasziniert von dem, was ihnen da aus dem Mutterschoß entgegenkam und sich u.U. bis zur Gefährlichkeit, zum gewaltigen Fluch oder mächtigen Segen entwickeln konnte. Kinder wurden verehrt oder geopfert, heiß geliebt oder gequält, streng erzogen und mehr oder weniger ignoriert ...

In der RGG erscheint unter dem Stichwort »Kinder« ein äußerst dürftiger Artikel, während der »Kinderfürsorge« wesentlich mehr Platz eingeräumt wird; einen Artikel »Kind« gibt es gar nicht[2]. Es ist schier unglaublich: Selbst im Neuen Pädagogischen Lexikon[3] fehlt das Stichwort »Kind«. Statt dessen finden wir »Kinderdorf«, »Kin-dergottesdienst«, »Kindererziehung« und »Kindheitserinnerungen«. Im angeblichen Jahrhundert des Kindes beschäftigt man sich mit dem Kind als Objekt der Fürsorge, Erziehung oder Mission ... Und was unser Staat für Kinder und kinderreiche Familien tut, kann man nun wirklich nur als lächerlich bezeichnen.

Auch in der Religionspädagogik dieses Jahrhunderts kommt das Kind als Subjekt ziemlich schlecht weg, hingegen ist viel von Kirche und Schule, Pfarrern/Pfarrerinnen und Lehrern/Lehrerinnen, manchmal auch von der Jugend, weniger von Jugendlichen die Rede[4].

Diese Beobachtung gäbe Anlaß genug, darüber ausführlich nachzudenken. Uns indessen ist die Betrachtung des Kindes als Gottesbild aufgegeben. Auch in der Theologie scheint jedoch das Kind, etwa als dogmatischer Topos, nicht deutlich wahrgenommen zu werden: Die Stichwortverzeichnisse verschiedener theologischer Hauptwerke weisen an der entsprechenden Stelle regelmäßig eine Lücke auf. Andererseits berichten Psychotherapeuten von vielen Menschen, die Träume von Kindern haben, von Geburten, vom Tod von Kindern, vom Spiel mit Kindern usw. Außerdem ist nicht zu bezweifeln, daß man in unserer Öffentlich-

---

1 Stuttgart 1984.
2 RGG³, Tübingen 1959.
3 Stuttgart ⁵1971.
4 Vgl. u.v.a. *Chr. Bizer,* Kirche – Katechismus – Unterrichtsvertrag, in: EvErz 42 (1990) 533f.; *ders.,* Jugend und Religion, in: PTh 81 (1992) 166-180; *W. Loch,* Die Verleugnung des Kindes in der Evangelischen Pädagogik, Essen 1964 (Neue pädagogische Bemühungen 11); und nun endlich: *R. Lachmann,* Art. Kind, in: TRE 18 (1989) 156-176!

keit äußerst oft auf das »Kind« zu sprechen kommt. Sein Bild ist durchaus präsent – bis in die Werbung hinein. Ist es das Bild eines *göttlichen Kindes*?

Im *Neuen Testament* begegnet uns das »Jesuskind«. Obwohl es kein vorherrschendes Thema dieser Schriften ist, beeindruckt es die Menschen emotional besonders: An Weihnachten sind die Kirchen voll. Ob diese Tatsache nur auf einem Mißverständnis beruht – Weihnachten als Fest der Familie und ihres kleinen Abgottes, des narzißtischen Symbols familiärer Reinheit, Unschuld und Niedlichkeit –, ist zu bezweifeln: Vielleicht spürt man ja doch einen sehr tiefen Zusammenhang zwischen der (wenigstens) einmal jährlichen Rückkehr in den urbildlichen Mutterschoß der Kirche bzw. des Kirchengebäudes und der Verehrung dessen, was größer ist als wir selbst, im kleinen Kind, des Unendlichen im Endlichen, des Allermächtigsten im Ohnmächtigen[5]. Man feiert gewiß ein *Mixtum compositum* aus anthropologischen und theologischen Faktoren: Die Erwartungsgeschichten, die vom Kommen des Messias und von Prophezeiungen eines Kindes, das befreiender Herrscher Israels sein würde, handeln, gehören ebenso dazu wie die Erfüllungsgeschichten bei Lukas, und sie laufen erlebnismäßig parallel zu Erwartungserfahrungen während der Schwangerschaft und Empfindungen von Gottesnähe bei der Geburt, wie sie auch heute von Eltern, vor allem von Müttern, berichtet werden. Die Mischung aus menschlichen und göttlichen Komponenten ist aber gerade für das Weihnachtsfest *konstitutiv*, redet die Kirche doch davon, daß Gott Mensch geworden sei, daß das Ewige im Heute, das Jenseits im Diesseits, das Zeitlose in der Zeit usw. erschienen sei und in Christus Gottheit und Menscheit »unvermischt und unverwandelt, aber auch ungetrennt und ungeschieden« zusammengehören. Christus aber wird wiederum als Prototyp des neuen Menschen verstanden, so daß die Rede von der Zusammengehörigkeit des Göttlichen mit dem Menschlichen *unser aller Selbstverständnis* betreffen kann. Das hat viele Seiten. Eine, nämlich die ethische, hat Luther besonders betont: Der Mensch sei »gerecht und Sünder zugleich«. Bei S. Freud finden wir Ähnliches.

Das Bild Gottes wird im Neuen Testament zu einem Bild des Menschen, zum Bild eines ohnmächtigen Menschen, arm und verachtet schon als Kind, gescheitert und gekreuzigt als Erwachsener – mit der Botschaft: So ist Gott, ohnmächtig, solidarisch mit den Geringsten unter den Menschen, Kindern und Armen, Sündern und Ausländern, aber zugleich

---

5 Zum unermeßlichen Thema Kirche – Kollektiv – Mutterschoß vgl. u.v.a. *H.-M. Gutmann*, Die tödlichen Spiele der Erwachsenen, Freiburg 1995, 182f., Anm. 148: Hier wird auf die – tiefenpsychologischen Praktikern auch sonst begegnende und geläufige – These von *Ll. de Mause* (Die fötalen Ursprünge der Geschichte, in: *ders.*, Grundlagen der Psychohistorie, Frankfurt/M. 1989, 230ff.) verwiesen, derzufolge früheste pränatale Ambivalenzen gegenüber der Plazenta das Muster für die Ambivalenzen gegenüber dem Heiligen prägen, ja, die die Plazenta als das Heilige bezeichnen kann.

Herr über den Kosmos, über Gesundheit, Leben und Tod. Ein Kind als Herr über alles? Ein Kind, das die Welt regiert?
In der frühen Christenheit spielte die Leidensgeschichte des Messias eine größere Rolle als seine Kindheit, das Bild des Gekreuzigten war stärker präsent. Die Kindheitsgeschichten finden sich – mit wenigen Ausnahmen, z.B. vom zwölfjährigen Jesus im Tempel (Lk 2, 41ff.) – in apokryphen Evangelien; sie wurden nicht kanonisiert. Vielleicht hat das damit zu tun, daß die ersten Christen das Weltende erwarteten, daher stark asketisch orientiert waren und Kinder im Hinblick auf die Kreuzesnachfolge eher als Belastung denn als Segen empfanden: So wird gelegentlich dazu geraten, um Jesu willen alles, selbstverständlich auch die Kinder, zu verlassen (Mt 19, 29; Lk 14, 26). Der Junggeselle Paulus bevorzugt ohnehin die Ehelosigkeit, hat aber, wenn er schon nicht darum herumkommt, von Sexualität und Ehe zu sprechen, Kinder jedenfalls nicht im Blick (vgl. 1. Kor 7); er seufzt vielmehr über die allzu kindlichen Gemeindeglieder (1. Kor 3, 1f.); sein Leitbild ist der mündige Christ.
Vielleicht erschien es den Evangelisten, die später als Paulus schrieben, gerade deshalb nötig, den ersten Gemeinden eine andere Einstellung Jesu zu den Kindern zu vermitteln: »Lasset die Kinder zu mir kommen und wehret ihnen nicht; denn ihnen gehört das Himmelreich.« (Mt 18, 14) Oder schon früher: »Und er nahm ein Kind, stellte es mitten unter sie und herzte es und sprach zu ihnen: Wer ein solches Kind in meinem Namen aufnimmt, der nimmt mich auf; und wer mich aufnimmt, der nimmt nicht mich auf, sondern den, der mich gesandt hat.« (Mk 9, 36f.) Jesus, der Kinderfreund, ein beliebtes Motiv für Maler des 19. Jahrhunderts, einer Zeit der Industrialisierung, der Kinderarbeit und doch auch der Reformpädagogik – Jesus, der Kinderfreund, ist also zweifellos ein urchristliches Motiv. Die Kinder werden aber nicht nur als Liebesobjekte dargestellt, sondern auch als Vorbild und Subjekte des Glaubens: »Wer das Reich Gottes nicht empfängt wie ein Kind, der wird nicht hineinkommen.« (Mk 10, 15) Oder: »Wenn ihr nicht umkehrt und werdet wie die Kinder, so werdet ihr nicht ins Himmelreich kommen.« (Mt 18, 3) Damit sind wir beim zweiten Aspekt unseres Themas[6].

---

6 Zum Bisherigen vgl. *P. Müller*, In der Mitte der Gemeinde. Kinder im Neuen Testament, Neukirchen-Vluyn 1992; zum folgenden *K. Winkler*, Werden wie die Kinder? Mainz 1992. *Winkler* behandelt das Thema vorwiegend unter dem Gesichtspunkt der malignen und benignen Regressionen. Wenn es wichtig ist, sich im Leben zu erinnern (z.B. daran, daß und wie man Kind gewesen ist), dann ist es von erheblicher Bedeutung, daß der Mensch »bei diesem Vorhaben Regressionsmöglichkeiten zur Verfügung hat, die Regressivität aber gerade nicht über ihn verfügt«, damit das, was erinnert wurde, auch wieder zugunsten der Gegenwart und ihrer Herausforderungen losgelassen werden kann (110f.).

2.2 »Kindlichkeit« als christliches Leitbild?

Was könnte das heißen, »als Kinder« oder »wie Kinder« in das Reich Gottes zu gelangen? Soll man es auf den Gemütszustand eines Menschen beziehen oder auf seine moralische Qualität: so unbefangen wie ein Kind oder so unschuldig? Bedarf der Mensch, der glücklich werden will, der Sorglosigkeit von Kindern, wie Blumen oder Tiere sie haben (Mt 6, 29: »Lilien auf dem Felde«), der Weisheit des ungesicherten Lebens (A. Watts)? Ist die Unreflektiertheit und intuitive Sicherheit gemeint, die Zen-Meister lehren: kein Haarbreit Gedanke zwischen dir und deiner Haltung? Oder geht es darum, daß Kinder jedenfalls im Vorschulalter weniger stark werten und ihre Vitalität ungehemmter ausdrücken als Erwachsene? Aggressivität empfinden sie noch nicht als böse, ja sie können sogar grausam sein, ohne Schuldgefühle zu entwickeln. Beim Kind liegen Licht und Schatten, aber auch Lachen und Weinen dicht beieinander: Die mannigfachen Gespaltenheiten des Erwachsenen fehlen noch. Ein Kind ist im Unterschied zu einem naiven Erwachsenen, der die Realität nicht angemessen wahrnimmt und sich seiner Verantwortung nicht ausreichend bewußt ist, auf gesunde Art naiv: Sollen wir auf eine neue Art naiv werden, die berühmte »zweite Naivität« zu erreichen versuchen? Man könnte auch an die Vertrauensseligkeit von Kindern denken, die vielleicht als Urbild für Glauben verstanden werden soll, und an ihre Bescheidenheit. Ihre Bescheidenheit einerseits, ihre Unverschämtheit, wenn es gilt, Wünsche zu äußern, andererseits – solange sie noch nicht durch Erziehung verzogen worden sind.
Wie auch immer, das Leitbild kindlicher Bereitschaft für das Gottesreich gibt uns jedenfalls Rätsel auf.
Mt 5, 3 liefert einen Schlüssel: »Selig sind, die da geistlich arm sind, denn ihrer ist das Himmelreich.« Es scheint darum zu gehen, daß alle »Kleinen«, ob es sich nun um tatsächliche Kinder oder um Nicht-Habende aller Art[7] – vielleicht gerade auch die theologisch Naiven – handelt, geschützt werden müssen: Denn sie setzen ihre Hoffnung auf etwas, was »den Juden ein Ärgernis und den Griechen eine Torheit« ist (1. Kor 1, 23), sie »glauben« tatsächlich so ähnlich, wie es die Zen-Meister lehren. »Wer aber einen dieser Kleinen, die an mich glauben, zum Abfall verführt, für den wäre es besser, daß ihm ein Mühlstein an seinen Hals gehängt und er ersäuft würde im Meer, wo es am tiefsten ist.« (Mt 18, 6) Man soll also Menschen, die die Bibel wörtlich nehmen oder sonstwie »im Mythos« leben und theologischer Reflexionsstufen entbehren, ihre Hoffnung lassen und sie nicht durch unangebrachte Aufklä-

---

7 *Winkler* betont daher die Notwendigkeit des Verzichts (ebd., 113ff.): Verzicht auf Nostalgie (rückwärts gewandte Schwärmerei, z.B. für urchristliche Zustände, vielleicht auch »verba ipsissima«), Verzicht auf Teilnahmeverweigerung (Weltflucht, Drückebergerei, apolitische Existenz), Verzicht auf Vertröstung (»im Himmel soll es besser werden ...«), Verzicht auf Rechthaben (z.B. im Streit um existentielle Wahrheiten).

rung irritieren. Theologie, historisch oder psychologisch, ist etwas für intellektuelle Zweifler; sie hilft zu glauben, wo der Kinderglaube verlorengegangen ist; aber sie soll nicht zur Zerstörung des Kinderglaubens eingesetzt werden[8]. Über den Schutz kindlicher Gläubigkeit und damit der Hoffnung derer, die darauf angewiesen sind, hinaus kann ich mir freilich auch vorstellen, daß Kindlichkeit als Leitbild für Frömmigkeit[9] inmitten und jenseits kritischer Zweifel relevant ist: In Seelsorge, Beratung und Psychotherapie spielt die Wiedergewinnung von Kindheitserinnerungen und mit diesen von kindlicher Kreativität oft eine entscheidende Rolle. Ich darf auch, ja ich muß sogar als Erwachsener Kind sein; vielleicht durfte ich es als Kind nicht, vielleicht mußte ich es mir später abgewöhnen, aber jetzt darf ich »verrücktspielen« – damit ich es nicht werden muß –, jetzt darf ich und muß ich überhaupt spielen, wenn ich mich nicht selber verlieren und zum bösen Alten werden will.

---

8 *Winklers* Betonung der Notwendigkeit erwachsener Realitätsbewältigung und mündiger Glaubensverantwortung angesichts globaler Lebensbedrohung scheint mir etwas zu einseitig: »Kann sich also die bedrohte Menschheit eine religiös verursachte Inkompetenz überhaupt noch leisten?« (Ebd., 88) Natürlich nicht! Aber irgendwie braucht auch die nüchternste Anpassung an die Erfordernisse der Welt der Erwachsenen und ihrer destruktiven Tendenzen mehr als kreative Regression in Nischen von Kunst und ins Abseits gedrängter Religion. Die nüchterne Welt der Fakten, Zahlen und Machtkämpfe braucht geradezu eine Dominanz von Kunst und Religion auch im Alltag, damit einer falschen Dominanz der angeblichen Realitäten gewehrt wird. Dies mag utopisch und schwärmerisch klingen: vgl. dazu *Winkler*, ebd., 15ff., bes. 25 ff. Ich verstehe »Utopie« allerdings nicht nur als Wunsch nach einer besseren Zukunft, sondern als Möglichkeit, hier und jetzt den Topos dieser Realität mit »Utopia« gleichsam aufzuladen, zu verzaubern und den Topos des Hier und Jetzt dadurch erträglich, ja sogar *schön* zu machen. Das Kind im Erwachsenen entspricht dann dem Jenseits im Diesseits. »Jene« Wirklichkeit wird in »diese« hineingezogen – das Gegenteil also von einer Regression, die Weltflucht als Realitätsvermeidung bedeuten würde! Es gibt, das muß betont werden, freilich auch eine realistische und den Bedürfnissen der Persönlichkeit angemessene Weltflucht. Vgl. *Winkler*, ebd., 52 – »Ausrede vor dem Leben selbst« – 155 –, »elementare Zuversicht« des Christentums als Grundlage immer neuer Versuche der Realitätsbewältigung und trotzdem nicht illusionärer Rückzug aus der Wirklichkeit? –, aber was heißt »Realitätsbewältigung«? Ist es nicht immer Realitäts*gestaltung*? Ich möchte meinen kindlichen Glauben an die relative Freiheit kreativer Lebensgestaltung nicht aufgeben und mich auf Dauer weder durch freudianische Dauerregression noch durch *Schultz-Henckesche* Anpassungstherapie entmutigen lassen.
9 Daß wir Frömmigkeit als zentrales Thema Praktischer Theologie behandeln müssen – dies zu betonen wird *Bizer* zu Recht nicht müde. Vgl. auch *F. Wintzer*, Frömmigkeit als eine Grundperspektive der Praktischen Theologie, in: *Ders.* / *H. Schöer* / *J. Heide* (Hg.), Frömmigkeit und Freiheit, Rheinbach/Merzbach (CMZ) 1995, 13-21.

3. Kind und Erwachsener zugleich

»Laßt euch die Kindheit nicht austreiben,« schreibt E. Kästner in vielen Variationen[10]. Was uns die Krämermentalität, die unseren Alltag bestimmen will – ob über höhere Steuern und Kriegstreiberei, kirchlichen Ethizismus oder Kinderzwangsarbeit in schlechten Schulen, sei dahingestellt – austreiben möchte, ist nicht nur der Glaube an das göttliche Kind in uns und in anderen, unsere Erinnerung an das Paradies und unsere Hoffnung auf irgendeine Art von Heimat, die ihm ähnlich sein wird, sondern auch unsere kreative Kindlichkeit, die noch nicht profitorientiert und noch nicht konkurrenzbetont ist, sondern fromm und direkt kommuniziert. Noch einmal E. Kästner: »Nur wer erwachsen wird und Kind bleibt, ist ein Mensch.« Ich schließe mit dem bekannten Gebet von M. Claudius[11]:

»Gott, laß' dein Heil uns schauen,
auf nichts Vergänglichs trauen,
nicht Eitelkeit uns freun;
laß' uns einfältig werden
und vor dir hier auf Erden
wie Kinder fromm und fröhlich sein.«

Literatur

Barth, H.-M., Gottesbilder durch-schauen, in: Deutscher Evangelischer Kirchentag Düsseldorf 1985, Dokumente, Stuttgart 1985, 237ff.
Grom, B., Wenn ihr nicht werdet wie die Kinder, in: N. Copray / Th. Seiterich-Kreuzkamp (Hg.), Suchende sind wir. Gottesbilder heute, Freiburg 1989, 39ff.
Lachmann, R., Art. Kind, in: TRE 18 (1989), 156-176.
Schellenbaum, P., Stichwort: Gottesbilder, Stuttgart 1981.
Schwarzenau, P., Das göttliche Kind, Stuttgart 1984.
Stollberg, D., Die konfliktscheue und die verwöhnte Generation, in: WzM 34 (1982) 8/9, 370-382.
Ders., Die Reise der Erinnerung – Wege der Heilung, in: PTh 78 (1989) 466-476 (hier auch die Fundorte der Kästner-Zitate).
Winkler, K., Die Zumutung im Konfliktfall. Luther als Seelsorger in heutiger Sicht, Hannover 1984.
Ders., Werden wie die Kinder? Christlicher Glaube und Regression, Mainz 1992.

---

10 Nachweis der Kästner-Zitate bei *D. Stollberg*, Die Reise der Erinnerung – Wege der Heilung, in: PTh 78 (1989) 466-476.
11 EG 482, 5.

Klaus Wegenast

Einige Gedanken des Gedenkens zum Nachdenken

Da ist zuerst von der Schwäbischen Alb zu reden, wo sie am rauhsten ist, wo die Menschen Ammann, Bizer und Conzelmann heißen und wo es im Mai so kalt ist wie anderswo im Dezember. Wie die Landschaft, so die Menschen: rauh, aber herzlich, bodenständig und mit den Gedanken doch im Himmel, fromm und ebenso geschäftstüchtig, arm und bei genauerer Betrachtung doch irgendwie wohlhabend, zumindest seit der Industrialisierung im späten 19. Jahrhundert.

Und dann ein Zweites, das zu beachten ist, wenn man Älbler verstehen möchte: die bemerkenswert ambivalente Frömmigkeit zwischen Kirche und »Stunde«, zwischen Rationalität und Spekulation. Skeptisch gegen alles groß Daherkommende und gegen Worte, die der Erfahrung mangeln; standhaft und unverrücklich, wenn sich etwas bewährt hat, d.h. erfahren wurde und zugleich erkannt. Nicht orthodox, wie hier im Norden oft, aber dafür bibelfest und sittenstreng, zuweilen auch hintersinnig und mit einer bemerkenswerten Sehnsucht nach »drüben«, auch wenn die Aussicht uns verrannt sei.

Christoph war in der Landschaft mit diesen Menschen Kind. Der Vater Pfarrer, der weniger dem Pietismus als der Sozietät nahestand, einer Gruppe württembergischer Pfarrer, welche Barth gelesen hatten. Das gab eine merkwürdige Mischung pietistischen Öls und kritischer Rationalität auf dem Hintergrund von Bewährtem. Ein wenig Barth und ein wenig Philipp Matthäus Hahn, der um 1760 Pfarrer im Tal gewesen ist und großen Einfluß auf die Menschen hatte. Ein Prinzip »totaler Wahrheit« hatte er gesucht und darin ein System, in dem von einem zentralen Punkt aus alle Glaubenswahrheiten ebenso sichtbar wären wie umgekehrt dieser in jeder Teilwahrheit. Obwohl Hahn für seine Suche nach der Wahrheit den Beistand des heiligen Geistes für notwendig hielt, war er dennoch ebenso fest überzeugt, daß ohne eigenes Nachdenken nichts gehe.

Und ein Drittes:

Wie viele Schwaben führte der Jubilar ein Leben, das man zu anderen Epochen Peregrinatio genannt hätte: Tailfingen / Bonn / Marburg / Loccum / Göttingen, und dazwischen überall, wo man als Wanderer hingelangen kann. So ist es nicht verwunderlich, daß aus dem peregrinans ein peritus geworden ist, einer, der herumgekommen ist, die Welt er-fahren hat und der deshalb manches erzählen konnte.

Wer Ohren hat, der höre!

Bevor ich weiterfahre, ein Wort noch über den Sprechenden. Ja, das ist doch der Wegenast aus Lüneburg und Bern. Das ist richtig, aber durchaus unvollständig. Es ist der Wegenast aus dem Talgang der rauhen Alb, aber nicht aus einem Pfarrhaus und ursprünglich auch nicht gesalbt mit dem Öl des schwäbischen Pietismus. Das kam alles viel später und muß jetzt nicht besprochen werden. Wie immer, Bizers kannte ich eine ganze Reihe aus meiner Ebinger Zeit, aber ein Christoph Bizer war mir durchaus unbekannt. Der begegnete mir erstmals als Manuskript, das mir vom Gütersloher Verlagshaus Gerd Mohn, bei dem ich als religionspädagogischer Lektor diente, ohne viel Kommentar zugesandt wurde. Ob das wohl etwas sei? Ich las das Buch in einem durch und spürte den Geist Altwürttembergs, den Geist der Dialektik des »so isches ja dann au wider«. Ich dachte an den Tübinger Weingärtner, dessen einziger Sohn vom schwerkranken Vater Abschied nehmen wollte. Nach Amerika sollte es gehen. »Wenn d'halt dabliebst...« hörte man den Alten sagen, und dann längere Zeit nichts; zuletzt: »So Kerle, jetzt machscht aber, daß d' fortkommscht. ... und schreib au amol.« Die These ist deutlich: bleib!, die Antithese ebenfalls: geh!, und die Synthese: halt' Verbindung. Ähnlich liegen die Dinge in der Habilitationsschrift aus Marburg.

These: Gerade als Gesprächspartnerin der Erziehungswissenschaften muß sich die Religionspädagogik entschlossen als *Theologie definieren*. Man erschrickt. War es nicht an der Zeit, sich statt nur um Offenbarung und deren Reflexion zu kümmern, die Adressaten in den Blick zu nehmen und *ihre* Erfahrung, wenn man in unserem Metier nicht ganz ins Abseits geraten wollte?

Antithese: Die Religionspädagogik würde gut daran tun, der Theologie gegenüber sich aus dem Status einer bloßen Anwendungsdisziplin zu befreien und eine integrierende Funktion gegenüber den auseinanderstrebenden Einzeldisziplinen der Historiker und Systematiker zu übernehmen.

Also: Keine Fremdherrschaft emanzipatorischer Erziehungswissenschaft, aber auch keine praxisfremde und im Grunde nur noch für sich selbst denkende Gottesgelehrtheit. Aber was dann? Eine »katechetische Theologie«, welche den Begründungszusammenhang der Unterrichtsmaterie des Religionsunterrichts aller Prägungen, die Bibel, das Bekenntnis und die aktuelle Predigt des Evangeliums klärt und dann theologisch legitim und pädagogisch sachgemäß strukturiert.

Anzuzielen sei die »Qualifikation« für eine Beurteilung der in der Diskussion verfochtenen Positionen und Konzepte religiöser Erziehung, die Beschaffung von Belehrung aus den Quellen der Schrift und eine Mitwirkung bei der Begründung anstehender Entscheidungen und bei deren Verwirklichung.

Die Devise lautet:

»Kirchliches Handeln in unterrichtbarer Weise durchsichtig zu machen und so die Kirche auf Transparenz zu verpflichten.« (64)

Aus dem Gesagten ergibt sich für Bizer das Lernziel: Der Schüler soll lernen, die Kirche an den von ihr selbst verkündigten Kriterien zu messen. Dafür bedürfe es eines Unterrichts, »der die handelnde Kirche und mit ihr die wirksamen religiösen Traditionen kritisch vom Schülerinteresse her erschließt.« (146). Für diesen Unterricht gebe es eine einsichtige curriculare Begründung, weil die Verkündigung des Glaubens eine ausgewiesene Stellung im Gefüge der Wissenschaft habe, einen Beitrag zur Orientierung innerhalb unserer Kultur erbringe und in spezifischen Verwendungssituationen im persönlichen und öffentlichen Leben vorkomme. Ein Rezensent aus den siebziger Jahren resümierte: »Acceptis praemissis kommt den Aufführungen ein hohes Maß an Stringenz und Kohärenz zu. Zu fragen bleibt allerdings, ob diese Voraussetzung von allen Adressaten von Legitimationsbemühungen für den schulischen RU erfüllt wird.« (G.R. Schmidt, in: ThR 43 [1978] 67).

Das Thema ist deutlich:

Religionspädagogik ist Theologie. Sie führt das theologische Gespräch mit der Pädagogik und das pädagogische mit der Theologie mit dem Ziel der Erschließung des Glaubens als Maßstab der Kirche und als Ermöglichungsgrund für neuen Glauben. Bei diesem Thema ist Christoph Bizer unbeirrt geblieben. Gut läßt sich das an seinen Aufsätzen im »Evangelischen Erzieher«, in seinen Handbuchartikeln und Lexikonbeiträgen erweisen.

Im Heft 5 des Jahrgangs 1994 des »Evangelischen Erziehers« finde ich unter dem vielsagenden Titel »Das Wort Gottes und der Unterricht«, mit dem Kenner sogleich den schleswig-holsteinisch-preußischen Recken Gerhard Bohne assoziieren, folgende bemerkenswerte Replik auf den, der bei »Wort Gottes« nicht nur die Bibel meinte, sondern gleichzeitig den Zeugen, der das anschaubar verkörperte, was er lehrte: »So nicht, gewiß nicht!«. Nicht die Persönlichkeit als Synthese von Lehre und Religion, die in Wahrnehmung der Krisis über ihre Kultur vor Gott zu stehen kommt und sich der ihr zugedachten Bestimmung in ewiger Entscheidung stellt, bringt's. Wir sind nicht mit dem Wort identisch, wie großartig das auch sein könnte. »Wir wollen sein dürfen, was wir sind: kleine Leute und doch ganz groß, ratlos, ... aber mit hoher Sensibilität, mit bunten Träumen, mit der Fähigkeit zu Lust und Genuß.« Leben gegen Krampf heißt die Devise.

Und dann kommt, wie in einer Sinfonie, das Thema, das eben nicht der Zeuge ist, der »mir nach« ruft und mutig fürbaß schreitet, sondern das Wort, die Bibel als Heilige Schrift, »deren Wortlaute durch produktive Aneignung zu religiösen Formen werden können, in denen sich – möglicherweise – das Herannahen Gottes abzeichnet, verhüllt.« (397). Aber ist das nicht blauäugig, im Horizont unseres Religionsunterrichts im

Rahmen einer säkularen Gesellschaft eine solche produktive Aneignung des Wortes erwarten zu wollen? Der Bizer von 1994 ist um eine Antwort nicht verlegen: blauäugig nur, wenn wir die Bibel als antike Textsammlung lesen, nicht aber, wenn ich sie als Vorgabe, als Heilige Schrift, der – als heiliger – Linien eingezeichnet sind, die auf das Ziel weisen, auf mich zukommen lasse und sie mit allem dem, was ich mitbringe, mit Spaß, Widerwillen, Apathie, Angst und Freude gestalte; wenn ich mich in den Prozeß hineingebe, ins Gespräch, wenn ich mich ihm überlasse und die mir jetzt angemessene Gestalt der Vorgabe, an der mir etwas aufgehen kann, suche. Bizer spricht in solchem Zusammenhang von »Begehung« von allen möglichen Ausgangspunkten aus; ahnend, sich umschauend, im Austausch mit anderen und darauf wartend, daß sich möglicherweise ein Zipfel vom Gewand Gottes andeutet: wenn nicht für mich, dann vielleicht für den Nächsten. Kurzum, die Bibel gelte es als Heilige Schrift zu lesen, die auf dem Altar liegt, die uns vorgegeben ist, die auf das Ziel weist. Wenn da nicht die schwäbischen Väter »durchschlagen«, die alles vom Wort erhofften und doch nicht aufhörten, selber zu denken. Kurzum, für Bizer gilt auch noch 1994: »Ein schulisch sachgemäßer Religionsunterricht kann es sich schon lange nicht mehr erlauben, den aneignenden Zugriff auf die Begehungsformen konkreter Religion unterrichtlich immer nur vorauszusetzen, um sich dann vornehm in berührungsängstlicher Intellektualität auf literarische und reflexive Bearbeitungsgänge zu beschränken...«

»Die interaktionalen Versuche zur biblischen Didaktik in der evangelischen Religionspädagogik der letzten 15 Jahre, vom sprachlichen Nachgestalten einzelner Psalmverse zum Bibliodrama und zum gestaltenden Einlassen auf Symbole bis hin zu kreativ-künstlerischen Auslegungen: Alle diese Versuche haben ihre organisierende Mitte in dieser Frage nach der unterrichtlichen Berührung mit sich vollziehender konkreter Religion, in subjektiv gestaltender Aneignung ihrer Formen, hier: der Bibel. Schüler und Schülerinnen in ihrer Subjektivität, die im Begriff stehen, sich auf Vorgaben der Religion einzulassen, sich ihnen auszusetzen und – sie modifizierend – für sich aufzunehmen, in reflexiver Verantwortung, das ist von meinen Prämissen her theoretisch-didaktisch der springende Punkt des gegenwärtigen Religionsunterrichts.« (396). Also die Heilige Schrift, aber nicht die der Historiker und kritischen Exegeten, sondern die der Religion, der evangelisch-christlichen wohlgemerkt, in der zwei Bereiche, aufeinander verweisend, im Mittelpunkt stehen: die Heilige Schrift und der evangelische Gottesdienst.

Christoph Bizer – ganz traditionell: sola scriptura; und Christoph Bizer – ganz modern: Begehung der Heiligen Schrift im Medium subjektiv gestaltender Aneignung. Was den Gottesdienst anbetrifft, hören wir Wichtiges im Aufsatz »Kirche – Katechismus – Unterrichtsvertrag«, der im Jahrgang 1990 des »Evangelischen Erziehers« erschienen ist, und in dem großen Beitrag »Liturgik und Didaktik« im »Jahrbuch der Religionspädagogik« 5, 1988. Der Gottesdienst sei es, »von dem aus einerseits nachvollzogen werden kann, worum es christlich geht; von dem aus andererseits die Frage nach uns heute, nach dem Lernenden, und somit Reflexion und gestaltende Verantwortung möglich und nötig sind.« (EvErz. 537)

Also handelndes Mitmachen im Gottesdienst, liturgisches Tun bringe die Kirche in den Konfirmandenunterricht. »Von ›außen‹ kommende Lernende geraten durch Aufnehmen von Vorgaben, der Liturgie eben, ›in‹ die Kirche hinein, sind selbst Kirche – und bleiben dabei unangebunden und unvereinnahmt in einer freien Subjektivität, die die eigenen Lernwege überblickt.« (537).

Nicht Einübung in den Gottesdienst und Einordnung in Gehabtes, sondern Mitwirkung in freier Subjektivität läßt Kirche sein und erleben. Das nicht zum religiösen Selbstgenuß, sondern als Bedingung der Möglichkeit dafür, daß sich die Verantwortlichkeit einer vergänglichen Menschheit überhaupt konstituieren kann.

Und dann das schöne Wort: »Am Gottesdienst lernen heißt ja nicht, sich mit ihm abzufinden, wie er ist.« (545). Warum sollte nicht eine Konfirmandengruppe am Schluß ihres Unterrichts einen eigenen Gottesdienst gleichsam als Gesellenstück versuchen dürfen mit Ansätzen zu einer neuen Rede- und Darstellungskultur, die sich ihre Sprache nicht durch wissenschaftliches Raisonnement der Theologen vorgeben läßt.

Christoph Bizer als Religionspädagoge – was ist es um ihn? Hier einige Zwischenergebnisse:

– Ein Religionspädagoge sei zuerst Theologe, mit anderen Worten, ein Diener am göttlichen Wort.

– Um das sein zu können, muß er sich nicht nur aus dem System einer Logik der Theologie befreien, die ihm nahelegt, das Wort vor allem anderen als damaliges zu verfremden und danach das Verstandene in Sätze zu verdichten, sondern auch aus dem zwanghaften Anpassungsdruck, sich einer bestimmten emanzipatorisch-schultheoretischen Erziehungswissenschaft anzudienen.

– Als theologischer Religionspädagoge fragt Bizer nach den Vorgaben evangelisch-christlichen Glaubens, weil da zu lernen sei, worum es geht; nach der Heiligen Schrift und nach dem Gottesdienst als Gestaltungsform des Glaubens. Solches Fragen ist nicht das des wißbegierigen Schülers, sondern das des nach sich selbst und nach Gott fragenden Menschen im Kontext einer konkreten Welt.

–Von hoher Bedeutung ist für den Religionspädagogen Bizer die Freiheit der Adressaten, ihre Subjektivität des gestaltenden Umgangs mit der Überlieferung.

Ergo: Bindung und Freiheit; Wort und Antwort; Gott und Mensch; Geschichte und Jetzt, Theologie und Pädagogik nicht als konvergenztheoretisch einander zugeordnete und im Grunde gleichläufige Bemühungen, sondern als kritische Gesprächspartner, die voneinander lernen, aber sich auch gegenseitig ausschließen können und vielleicht sogar müssen.

Und in dem allem ein Mann der Reformation, ein Schüler Luthers, ein Mann der Kirche, der feiernden wohlgemerkt und der nachfolgenden, nicht der triumphierenden und reglementierenden.

Bevor ich noch persönliche Züge des Jubilars religionspädagogisch buchstabiere, hier noch ein didaktisches Kapitel, das Bizer immer wieder und immer neu zu bedenken versuchte: Die Vermittlung des Glaubens als Aufgabe der Religionspädagogik.

»Es sind die einfachen Fragen, die die Fachleute in die größten Verlegenheiten bringen. Sie (die Fragen) verbitten sich die weit ausholenden Gesten, die auf Komplexität, auf Differenzierungen von Denkebenen und auf die Reflexion metatheoretischer Bedingungen verweisen.« So lese ich im Jahr 1984 im Evangelischen Erzieher (158).

Es folgt die Klage über eine Theologie, welche sich die »einfachen« Fragen vom Leibe hält, indem sie zu deren Beantwortung eine eigene Unterdisziplin zuständig mache, die Religionspädagogik. Aber welches ist denn die einfache Frage?

Antwort Bizers: »was das Glauben sei und wie man das mache.« Schwierig sei diese einfache Frage, weil sie nicht auf den Glauben, sondern auf das Glauben als Tätigkeit des Menschen in einer bestimmten Sozietät ziele und d.h. zuerst auf den Zugang zu dieser spezifischen Weise des Menschseins als Christ. Aber ist dieser Zugang uns Menschen nicht immer schon als Werk des Heiligen Geistes entzogen? Müssen wir deshalb nicht besser nach der Arbeitsweise des Heiligen Geistes fragen? Aber wie sollte das zugehen? Die Aporie scheint total, zumal das aneignende Subjekt des modernen Menschen mit seiner einfachen Frage nach dem Zugang zum Glauben den Rückzug hinter die alte dogmatische Bastion, daß der Glaube Werk des Heiligen Geistes sei, nicht zuläßt. Wer da von göttlichem Geheimnis spricht, ist ein Dunkelmann, aber die Glaubensvermittlung als funktionalen Mechanismus zu beschreiben, wird auch nicht als gangbarer Weg erachtet. Wie weiter?

Bizers Antwort ist so einfach wie überraschend: Die elementare Frage nach dem Zugang zum Glauben mache den Heiligen Geist nicht zum Objekt, sondern ziele darauf ab, ein kirchliches Handeln zu entwerfen, das für den Heiligen Geist offen ist.

Damit schließt sich der Kreis. Wir sind wieder bei der Heiligen Schrift und beim Gottesdienst, genauer bei der Verheißung der Rechtfertigung des Gottlosen und bei der ersten Lektion, in welcher das »Unvermögen« gelernt und empfunden werden muß, weil das Versprechen ausschließlich Versprechen ist, ohne Haken, Ösen, Auflagen, Bedingungen, Klauseln und Vorbehalte, ohne Leistung eben, und deshalb Grund zu einem befreiten Lachen, das Raum schafft und Freiheit zum Glauben, der sich auf das Versprechen verläßt und deshalb Zeit hat für das Jetzt, für die Freude und für andere vielleicht.

Und dann Bizer im Originalton:

»Kernstück einer religionspädagogischen Glaubenslehre ist eine Didaktik der Verheißungen, die unterrichtlich lehrt, Verheißungen Gottes so zu bedenken und zu gestalten, daß an ihr möglicherweise Glauben entstehen kann.«

Ich schließe mit dem »persönlichen« Bizer als Religionspädagoge, der anfängt, alt zu werden, Hölderlin nachdenkt und seiner »Abendphantasie«:

Am Abendhimmel blühet ein Frühling auf;
unzählig blühn die Rosen und ruhig scheint
Die goldne Welt; o dorthin nimmt mich,
Purpurne Wolken! und möge droben
in Licht und Luft zerrinnen mit Lieb und Leid!

– auch an den Bizer, der »Vom neuen Leben« handelt zwei Jahre nach einem Herzinfarkt und davon zu reden weiß, daß er eben noch immer nicht die Lektion gelernt hat, nein sagen zu können, weil er noch der Alte ist, der Starke, der das durchzieht, das aber nur auf dem Grund des Wissens, daß es die Schwäche ist, die ihn empfänglich macht für die leuchtenden Farben des Augenblicks, die ihn loslassen lehrt und anderen etwas zuzutrauen. Lassen Sie mich mit einem anderen schwäbischen Dichter schließen, der auch über das Leben nachgedacht hat und die Kraft fand, im Loslassen zu singen:

»Herr schicke, was du willt,
ein Liebes oder Leides,
ich bin getrost, daß beides
aus deinen Händen quillt.«
und dann gleichsam in einem Atemzug
»Trink ich den Saft der Traube,
dann schlummern meine Sorgen:
Was soll mir all' die Müh und Pein
und Klagen und Gestöhne!
Ob gern, ob ungern, fort muß ich:
Was täusch ich mich ums Leben!
Nein! Lasset Wein uns trinken
des schönen Bakchos Gabe,
Dann trinken wir der Traube Saft
dann schlummern unsere Sorgen.«

Auch das ist schwäbische Dialektik, mit der wir begonnen haben.

Autorenverzeichnis

Dr. Ingo Baldermann, Professor für Praktische Theologie an der Universität/Gesamthochschule Siegen.

Dr. Hinrich Buß, Landessuperintendent in Göttingen.

Dr. Wilhelm Gräb, Professor für Praktische Theologie an der Ruhr-Universität Bochum.

Dr. Hans-Günter Heimbrock, Professor für Praktische Theologie an der Universität Frankfurt a.M.

Dr. Manfred Josuttis, Professor für Praktische Theologie an der Georg-August-Universität Göttingen.

Ernst Kampermann, Oberlandeskirchenrat in der Ev.-luth. Landeskirche Hannovers.

Dr. Dietrich Korsch, Professor für Systematische Theologie an der Universität Passau.

Dr. Joachim Mehlhausen, Professor für Kirchengeschichte an der Universität Tübingen.

Dr. Michael Meyer-Blanck, Professor für Praktische Theologie an der Humboldt-Universität Berlin.

Dr. Otto Seydel, Schulleiter der Schule Burg Hohenfels (Unterstufe der Schule Schloß Salem).

Dr. Dietrich Stollberg, Professor für Praktische Theologie an der Philipps-Universität Marburg.

Dr. Klaus Wegenast, Professor für Praktische Theologie an der Universität Bern.

Religionspädagogik

Evangelische schulnahe Jugendarbeit

– weil sich das Leben nicht im 45-Minutentakt verhandeln läßt.
Herausgegeben von Harmjan Dam und Heike Zick-Kuchinke
160 Seiten, Paperback, DM 24,80 / öS 181,00 / sFr 23,00
ISBN 3-7887-1595-2

Evangelische schulnahe Jugendarbeit ist eine Form der aufsuchenden Jugendarbeit. Sie beharrt nicht auf einer »Komm-Struktur«, sondern sie will Jugendliche an dem Ort ansprechen, an dem sie inzwischen viel Zeit ihres Alltags verbringen: in der Schule.
Religiös-ethische Fragen sollen reflektiert, neue Handlungsmöglichkeiten für ihr Leben erprobt und Zukunft hoffnungsvoll gestaltet werden.

Harmjan Dam, Dr. theol. und Dipl.-Geograph, geb. 1950 in den Niederlanden, 1990–1996 Landesschülerpfarrer der Evangelischen Kirche in Hessen und Nassau, seit 1996 Dozent am Religionspädagogischen Studienzentrum der EKHN in Schönberg.

Heike Zick-Kuchinke, Theologin und Dipl.-Pädagogin, geb. 1958, ist seit 1994 Landesschülerpfarrerin der Evangelischen Kirche in Hessen und Nassau.

NEUKIRCHENER
47497 Neukirchen-Vluyn · Postfach 101 265
Telefon (0 28 45) 3 92-222 · Fax (0 28 45) 3 36 89

Religionspädagogik

Grundlinien der Diskussion eines halben Jahrhunderts – und zugleich Perspektiven für die jetzt anstehenden Aufgaben: In dieser doppelten Blickrichtung, in Rückschau und Vorschau, wird ein orientierender Überblick zum gegenwärtigen Stand der Religionspädagogik und ihrer Geschichte seit 1945 entworfen.
JRP widmet sich ab dem vorliegenden Band jeweils einem einzelnen Thema, ohne den Charakter eines Jahrbuches aufzugeben.

Religionspädagogik seit 1945. Bilanz und Perspektiven

Jahrbuch der Religionspädagogik, Band 12 (1995)
Herausgegeben von Peter Biehl, Christoph Bizer, Roland Degen, Norbert Mette, Folkert Rickers, Friedrich Schweitzer
234 Seiten, Paperback,
DM 78,00 / öS 569,00 / sFr 71,00
Fortsetzungspreis
DM 70,20 / öS 512,00 / sFr 63,50
ISBN 3-7887-1596-0

NEUKIRCHENER
47497 Neukirchen-Vluyn · Postfach 101 265
Telefon (0 28 45) 3 92-222 · Fax (0 28 45) 3 36 89